MZ세대, 나는 이렇게 일해

MZ꼰대의 직장생활과 스마트 투자

MZ세대, 나는 이렇게 일해

장영주 지음

마음세상

프롤로그

'어? 왜 의사들이 보이지…'

눈을 뜨니 산소마스크와 목 보호대를 착용하고 있었다. 여기는 대학병원 응급실이다. 내가 교통사고를 당했던 것이다.

이렇게 아픈 고통은 처음이다. 목소리도 낼 수가 없다. 숨 쉬는 것도 힘들다. 교수님께서 눈앞에 손가락을 흔들며 말했다.

"환자 분! 보이시면 주먹 쥐어보세요!"

나는 보여서 주먹을 쥐었다.

"환자 분! 고개 오른쪽으로 돌려 보세요!"

고개를 천천히 돌려 보았다.

"김 교수! 목 보호대 제거해!"

나는 병원 교수님 세 분이 이야기하는 소리를 들을 수 있었다.

"김 교수, 갈비뼈 골절은 어때?"

"왼쪽 갈비뼈 모두 골절입니다."

"다행히 폐는 찌르지 않은 것 같습니다."

"환자 의식 있어, 바로 수술 들어가자."

"정 교수, 개방성 다리 골절이야."

"정형외과에서 주치의로 하고 수술 준비해!"

"그리고 마취과에 지금 수술 들어간다고 이야기하고,"

"네, 알겠습니다. 바로 준비하겠습니다."

그리고 다시 눈을 뜨자 눈 앞에는 걱정스러움과 놀란 모습으로 나를 바라보고 있는 부모님, 와이프가 있었다. 지금 숨 쉬는 것도 힘들고 이렇게 아픈 고통은 처음이다. 2시간마다 마취주사를 맞았지만 갈비뼈와 다리 골절의 고통은 마취가 되지 않는다.

숨을 쉴 때마다 느껴지는 갈비뼈의 고통은 지금까지 내가 느껴본 고통 중 가장 큰 고통이다. 이렇게 한 달이 지나고 보니, 이제는 숨을 쉬는 것은 그렇게 고통스럽지 않다. 교통사고에 대한 기억이 없다. 병실에서 누워만 있었다. 손해사정사인 친구가 건강 회복에만 신경 쓰라고 한다. 얼마나 더 누워 있어야 할지.

다시 걸을 수 있을지 모르겠다. 우리 아이들이 생각나고 눈가에 눈물이 난다. 다행히 머리는 다치지 않았다고 한다. 평범하지만 치열하게 살아오느라 뒤를 돌아보지 못했던 나의 직장 생활, 가족 그리고 투자생활 등이 떠오른다.

MZ세대에 치열하고 바쁘게 살아가는 직장인과 가족, 친구들에게 MZ세대의 맞벌이 가장으로서 평범하지만 치열하게 살아온 내 직장과 투자 이야기를 들려주고 싶어서 글을 적어 보았습니다.

제가 겪었던 사실 바탕으로 재구성하여 이야기를 만들어 보았습니다. 하루쯤 나를 위한 시간을 보내며, 스스로를 사랑하는 시간이 되길 바랍니다.

MZ세대 파이팅!

MZ세대 현실 직장인 아빠, 엠지아빠 올림

나는 Buyer 구매인 세상은 공평할까?

새벽회의, 단가 인상분 고객한테 받아올 수 있어?

커피브레이크, 그 어디에도 대가나 노력없이 주어지는 공짜 점심은 없다

부산 출장, Leave it or Take it 협상전략

해운대 아파트, High Risk, High Return

부동산 소장님, 투자라는 것이 참 어렵다

단가협의, 우리는 때로 두번째 최악인 차악책을 택하며 살아갈 때도 있는 것이다.

두번째 부동산 계약, 내가 망설이면 다른 사람이 가져간다

원가절감, 올해 구매부 타겟은 연간 3% CRO이야

필터업체, 이러면 상도의에 어긋나는 건데!

재건축 재개발, 내가 대출하면, 투자 레버리지, 남이 하면, 영끌

세번째 아파트 계약, 혹시 2억 더 없어요?

퇴사, 텃밭! 개발제한구역해지

RESTART 퇴원, 세상에 공평한 것은 오직 시간 뿐이다

나는 Buyer 구매인

"세상은 공평할까?"

"Hello, Adam! How are you"

아침 8시 48분 오늘도 어김없이 해외영업부 김 과장님이 중동 바이어에게 국제전화를 거신다. 김 과장님이 Hello 하시면, 보통 2분쯤 뒤에 어김없이 사내 방송이 나온다.

"안녕하세요. 임직원 여러분, 오늘도 활기찬 하루의 시삭과 함께 아침 체조를 하겠습니다."

"전 임직원 여러분들께서는 정문 앞으로 나와 주시기

바랍니다."

어제도 한 잔하신 것 같은 김 과장님이 해외 영업부장님께 말씀드린다.

"부장님, 사우디 수출 관련해서 고객과 통화 중이라…."

김 과장님 말이 다 끝나기 전에, 해외 영업부장님이 말했다.

"김 과장, 통화해, 다른 분들은 체조하러 갑시다." 하고 정문으로 나가신다.

10분간 스트레칭 체조를 하고 다시 사무실로 돌아왔다. 이제 대리급이 되니, 아침 체조 방송이 나오기도 전에 몸이 먼저 움직인다. 가끔은 오늘이 수요일인지 목요일인지 헷갈리기도 한다. 이렇게 반복되는 시간이 무의미하다고 느껴지지 않게 회사생활 그리고 업무 외적인 부분에도 신경을 쓰려고 노력을 한다.

자리에 앉아서 Resin(플라스틱 원자재), 알루미늄, 고무 원자재 화면을 띄운다. 그리고 주식 HTS 화면도 띄운다.

작은 소리에 초 집중하며, 왼손 첫 번째 손가락은 Alt에 중지는 Tab에 두고 1달 전에 매수한 밸브 회사 주가를 조회한다. 발소리가 들리면 바로 원자재 화면으로 바꿀 준비가 되어 있다.

됐다. 팔자!

한 달 전에 목표가로 설정한 수익률 20%에 도달했다. 나는 주식 투자를 장기보다는 −20% ~ +20% 정도로 설정해 두고 내가 생각한 숫자가 되면 빠르게 익절이나 손절을 한다. 큰 수익을 가지고 오지 못할 수도 있지만 이렇게 하면 크게 손실 볼 일도 없다. 투자가 일상이 된 시대에서 몇번의 큰 수익을 보고 크게 잃는 것 보다 투자 시장에서 리스크를 관리해서 끝까지 살아남는 자가 잘하는 투자지일 것이나. 그런데 갑자기 뒤에서 구두 소리가 들린다. 재빠르게 Alt, Tab을 눌러서 원자재 화면으로 바꾼다. 그리고 미동 없이 화면을 보고 있다. 역시나 내 직속인 구매부장님 이셨다.

"장 대리, 레진 동향이 어때? 올해 cost saving 해야 하는 거 알지? 고민해 봐."

"현재까지는 레진 가격이 보합입니다. 원가 절감 방안 고민해서 보고 드리겠습니다."

"그래, 수고해!"

"휴~~~~"

다시 주식창으로 돌아오니 조금 더 올라서 예상 수익률 23%이다.

매도 주문을 넣고, 미리 설정해둔 단체 문자에 문자를 보낸다.

"목표가 달성입니다."

"금일 매도하세요."

단체 문자를 보내자 마자 여기저기 회의실에서 전화를 받는 척하며, 국내 영업부장님, 생산부장님, 구매과장님, 구매부장님 네 분이 나오신다. 나의 매도 문자를 받으신 분들이다. 모두 나오셔서 전화나 컴퓨터로 매도 주문을 넣으시고 나를 보며 씩 웃으시며, 오늘 한 잔 신호를 보내 주신다. 내가 대리급이던 10년전에는 스마트폰이 대중화되기 전이였다. 지금은 간편하게 휴대폰 앱으로 매수 매도 주문을 넣지만, 예전에는 컴퓨터나 증권회사에 직접 전화를 걸어서 매수 매도 주문을 했다. 지금은 회식 문화도 많이 바뀌어서 저녁회식은 많이 사라졌다. 직원분들의 워라밸(Work and Life Balance)을 중시해서 점심회식으로 대체되었다.

요즘 같은 시대에 금요일 저녁 회식을 하면 꼰대 소리를 듣는다. 나도 맞벌이 가장이라 저녁회식을 하지 않는 것이 좋다. 그래도 가끔은 직장 선후배들과 라떼시절의 대포집 소주한 잔이 그립기도 한다.

오늘 저녁에 회사 근처 뒷고기집에 영업부장님, 구매부장님, 구매과장님, 나 이렇게 모였다. 오늘 생산부장님은 결혼기념일이라서, "장 대리, 내일 점심 내가 살게. 시간 비워 둬." 이렇게 말씀하시고 가셨다. 결혼하신 지 20년이 훌쩍 넘기신 생산부장님을 보면 참 좋은 남편이신 것 같다. 회사 내에서는 그렇게 욕심을 내지 않으시는 건지 아니면 부장자리 이상이 어려운 것을 아시고 회사보다는 가정에 더 신경을 쓰시는 것 같다. 그렇다고 생산부장님이 부서내에서 해야 할 일을 미루시거나 안 하시지는 않는다. 다만 정치나 보여주기식? 의 야근은 하지 않으신다. 나도 이제 곧 몇 년 뒤에는 결정을 해야 할 것이다. 이 회사에 뼈를 묻을 정도로 매일 같이 야근하고 상사분들의 기분을 잘 맞춰서 바늘 구멍 뚫기라는 임원에 도전할 것인지 아니면 내 가정과 미래를 위한 준비를 할 것인지 결정을 해야 할 시기이다.

요즘은 가정과 미래에 더 시간을 보내고 싶다.

영업부와 구매부는 회사 내에서는 하루가 멀다 하고 싸운다. 사장님 임원분들 앞에서 고객에게 더 높은 가격

받아오라고 구매부는 애기하고 영업부는 구매원가가 왜 이렇게 비싸냐고 한다.

맞다 싸게 사서 비싸게 팔면 마진이 제일 좋지만, 경쟁사가 없는 게 아니라 쉽지 않다. 회사 내에서는 목청 높여 싸우지만, 밖에서는 형 동생이다. 나도 이제 자동차밥 먹는 게 익숙해지고 적응되었나 보다.

"자, 우리 장 대리 수고 많았어!"

"1차는 내가 쏘니깐 다들 잔 채워. 자자 위하여~~"

500만 원씩 두 번 분할매수해서 천만 원 까지만 투자하기로 했는데 영업부장님 5천만 원 넣으셨다고 한다. 그래서 기분 좋으셔서 1차도 사시고 2차도 사신다 한다. 나도 천만 원 투자해서 230만 원 벌었다. 주식으로 번 돈은 차곡차곡 모아서 재투자를 한다. 내가 아는 산업 분야 중 최근 기업 매출이 성장하며, 2위 또는 시장 점유율 30% 정도 가지고 있는 중소기업을 찾아서, 그 기업에 투자를 한다. 바이어를 하며 중소기업 조사와 분석을 해

보니, 영원한 1위 기업은 없고, 성장하는 2위 기업의 실적은 대체로 좋은 편이다. 그 기업에 투자하고 20~30% 정도 기대수익률을 가져가면, 어느 정도 안정적인 투자가 가능하다.

내가 가진 자본이 적다 보니, 주식 투자로는 큰돈을 벌지는 못한다. 시드머니 5천만 원을 만들면, 대출하거나 전세 끼고 아파트를 살 생각이다. 직장인이 경제적 자유를 누리기 위해서는 주식, 부동산 투자는 필수라고 생각한다.

"배 부장, 오늘 영업부 사장님 보고 잘 넘어갔어?"

"우리 곧 추가로 비지니스 수주 받을 것이 있어서, 오늘 보고 드렸지."

"이 부장, 내일 구매부 차례지?"

"그래 배부장, 내일 우리 구매부 차례야."

"우리 내일 아침 일찍 와야 되니, 오늘 1차만 하자."

"장 대리, 내일 발표 준비됐지?"

"네, 부장님. 내일 새벽 회의 사장님 보고 자료 지시하신 대로 수정해 두었습니다."

"그래, 장 대리. 다른데 가지 말고 나랑 같이 오래 다녀, 어?"

"네! 감사합니다! 부장님!"

영업부에서 가장 좋은 소식은 새로운 사업을 수주하는 것이다. 구매부는 원가절감을 해서 회사이익률 Margin, OI(Operating Income 영업이익)을 높이는 것이다.

다행히 오늘 영업부에서 좋은 소식을 발표했으니 내일 사장님의 심기는 그렇게 불편하지 않을 것이다. 늘하던 대로 준비해서 보고 드리면 잘 넘어갈 것 같다. 외국계 자동차 부품 바이어 중 대리급은 이직이 잦은 편이다. 나는 혼자 출장 가는 일이 많이 있는 지금 회사가 좋다. 일도 하고 타 지역 부동산 임상도 갈 수 있으니, 나에게 딱 맞는 직장이다. 내일 구매부 새벽 회의가 무사

히 지나가길 바라면서 오늘은 1차만 마시고 다들 귀가
했다. 나도 내일 이른 아침에 좋은 컨디션으로 사장님께
보고 드리기 위해서 서둘러 집에 가서 일찍 잠을 청하였
다.

새벽회의

"단가 인상분 고객한테
받아올 수 있어?"

군대시절 국방부 시계가 멈추지 않고 끊임없이 돌아가는 것처럼 지난주 구매부 새벽회의가 엊그제 같은데 벌써 한 주가 흘렀다. 매주 화요일 마다 구매부 새벽회의가 있다. 오늘은 화요일, 7시 30분에 출근해서 구매부 회의실에 들어가서 회의 준비를 했다. 구매부 김 주임이 미리 와서 커피, 녹차를 자리마다 놓고 있었다.

"김 주임, 일찍 왔네, 고미워 수고해줘서."

"감사합니다. 장 대리님, 오늘 발표 힘내세요."

그리고 10분 정도 지나고 나서, 최 과장님과 이 부장님이 회의실로 들어오셨다.

"장 대리, 최 과장, 준비됐지? 김 주임 빔 띄워봐."

김 주임이 프로젝트 빔을 켜고 화면 옆에서 최 과장님과 나는 차례로 발표를 한다. 사장님과 임원분들이 참석하시는 새벽회의는 아침 체조이후 9시 10분에 시작된다. 사장님 보고 전에 구매 부장님에게 먼저 검토를 받는다. 요즘 알루미늄 가격이 많이 올라서 업체에서 단가 인상 요청 공식 문서가 들어왔다. 알루미늄 단가 인상 요청 건에 대해서, 사장님께 보고할 때와 똑같이 부장님께 먼저 보고 드린다.

"구매부 장민준 대리 보고 드리겠습니다."

"알루미늄 가격 인상으로 인하여, 협력업체에서 단가 인상 10%를 요청하였습니다. 연간 약 5억 원정도의 추가비용이 발생됩니다."

"단가 인상을 방어하기 위해서, 다른 업체 개발 가능

성을 타진 하였습니다. 부산지역에 있는 업체를 추가 개발해서, 현재 협력업체와 협상하여 단가 인상 요청을 방어하겠습니다."

"장 대리, 부산 기장에 위치한 업체에서 우리 가격으로 생산된다고 회의록 작성 했어?"

"개발팀, 품질팀하고 같이 가서 개발 가능성 검토 했어?

부장님께서 예리한 질문을 하신다.

맞는 말씀이시다. 순간 다른 가능성을 전혀 타진해보지 않고 추가 개발하겠다는 보고를 드린 안일한 내 생각이다.

"죄송합니다. 부장님. 거기 까지는 진행하지 않았습니다."

"장 대리, 부산 기장에 위치한 업체가 가능한지를 먼저 확인하고 우리 협력업제에 가서 단가 인상 어렵다고 협상을 해야지. 대안도 없이 우리 업체에 갔다가 생산 중단하면 어떻게 할 거야?"

"사장님 보고 드릴 때, 이번 주에 부산 기장 업체, 현재
우리 단가로 개발 가능한 지 확인 후, 차주에 우리 협력
업체와 단가 인상이 어렵다고 협상하겠다고 보고 드려."

"네, 알겠습니다 부장님, 이번 주 부산 출장 계획 잡아
서 결재 올리겠습니다."

"장 대리, 그리고 항상 회의록 작성해서 남기고, 자 새
벽회의때 보고 잘해!"

맞는 말씀이시다. 부장님 말씀대로, 조금 더 구체적으
로 보고를 드려야 한다. 부장님과 검토를 끝내고 수정을
거쳐서 새벽회의 준비를 마쳤다. 임원분들이 먼저 자리
에 앉으시고, 사장님께서 자리에 앉으면서 오늘 구매부
새벽회의 시작되었다.

"구매부 장민준 대리, 보고 드리겠습니다."

구매부 이슈 중 원가절감이 가장 좋은 건이면 단가 인
상요청은 반드시 막거나 대안이 있어야 하는 좋지 않은

주제이다. 처음에는 보고 자료도 잘 만들지 못하고, 사장님 보고때도 말을 더듬거리고 제대로 보고 드리지 못해서, 사장님께서 언성을 높이기도 했다. 사장님께서 언성을 높이신 날은 오전 내내 상무님, 부장님, 과장님 순으로 노하우와 조언, 잔소리?를 들어야 했다. 그때는 힘들고 화도 났었다. 하지만 그런 경험이 쌓이면서, 나도 이제는 보고 자료도 잘 만들고, 어렵고 보고 드리기 안 좋은 주제인 업체의 단가 인상요청 건도 깔끔하게 잘 보고 드린다. 나도 어느덧 구매인이 된 것 같다. 아침 일찍 부장님과 준비한대로 잘 보고 드렸다.

"차 이사, 원자재 인상분 고객한테 받아올 수 있어?"

사장님께서 영업부를 총괄하시는 차 이사님께 물어보셨다.

맞는 말씀이시다. 역시 사장님의 생각은 하나만 보고 계시지 않았다. 구매부서원인 나는 구매부만 생각하고 단가 인상요청이 들어오면 무조건 단가 인상을 막는 것이 최선이라고 생각했지만, 사장님 말씀처럼 영업부도 우리 회사이기에 우리가 고객사에 판매하는 단가에 반영할 수 있으면, 우리 회사의 이익에는 변화가 없다. 나도 사장님처럼 나무만 보지 말고 숲도 보고 멀리 볼 수 있는 시각을 가져야겠다.

"사장님, 현재 고객사와 추가 비즈니스를 논의 중인 상황이라 저희가 수주를 받기 위해서는 단가인상 요청 드리기가 어렵습니다. 경쟁사에서도 현재까지 저희 고객사에 단가 인상 요청 한적이 없습니다."

차 이사님께서 고객사에 인상이 어려운 부분을 사장님께 말씀드렸다.

"김 상무, 우리도 단가 인상 방어해!"

사장님께서 그렇게 말씀하시고 회의장에서 나가셨다.

이번 주도 가장 큰 회사일인 구매부 새벽회의가 끝났다.

"이 부장, 장 대리, 알루미늄 자료 챙겨서 내 방으로

와."

구매부를 총괄하시는 상무님께서 말씀하셨다.

구매부장님과 나는 협력업체의 공급단가의 10% 인상을 요청하는 공문과 부산 기장에 위치한 업체에 대한 자료를 정리해서 바로 상무님 방을 노크했다.

"그래, 들어와, 거기들 앉아. 이 부장, 사장님 말씀 들었지?"

"단가 인상 방어하고, 업체 바꾸는 거는 신중해야 해, 알지?

"예전에 업체 바꿨다가 품질, 납기 못 맞춰서, 고객사가 우리 추가 비즈니스 배제한 거 알지?"

상무님께서 업체 변경에 대해 더욱 신중 하라고 말씀하셨다.

"네, 상무님, 잘 알고 있습니다. 장 대리하고 전략 짜서 문제없게 하겠습니다. 내일 장 대리 부산업체 가능여부 확인하도록 출장 보내겠습니다. 그리고 단가 인상 방어하도록 하겠습니다."

부장님 말씀대로 부산업체 출장 준비를 해야겠다.

"그래, 이 부장, 수고 좀 해줘."

상무님의 말씀을 듣고, 구매부장님과 나는 상무님 방에서 나와서 구매회의실로 갔다. 새벽회의가 끝나면 구매부장님과 오늘 사장님 보고에 대해서 같이 검토하고 다음 주 새벽회의를 위해서 주간 업무 계획을 짠다. 오늘이 한주에서 가장 신경을 많이 쓰고, 바로 주간 업무를 시작하는 월요병 같은 화요병의 날이다.

"장 대리, 오늘 부산업체 조사하고, 연락해서 내일 출장 갔다와."

"우리 현재 단가 할 수 있으면 회의록 작성해서 오고."

"네, 부장님 그렇게 하겠습니다."

"장 대리, 아침에 말한대로 부산업체에서 가능하면, 대안을 가지고 우리 협력업체 대구에 가서 협상하고 와. 협상전략은 Leave it or take it. 하던지 말던지 전략, 알지?

대안이 있어야 바이어가 이기는 거야."

"네. 부장님. 그렇게 하겠습니다.".

"자, 그럼 이번 한 주도 잘 준비해서 차주에 사장님 보고 하자고. 수고해. 나는 오늘 점심 약속이 있어서, 밥 챙겨 먹고해."

부장님께서 말씀하시고 회의실에서 나가셨다. 운이 좋게도 회사생활을 바이어, 구매인으로 일하면서 회사를 대신해서 많은 비즈니스 계약을 직접 손익을 계산하고 분석해서 대책을 마련하면서 느끼고 배운 점이 많이 있다. 비즈니스도 하나의 전쟁이다. 조금 더 많은 이익을 얻기 위해서 최선을 다해야 한다. 한발 먼저 움직이고, 더 노력해서 대안을 가지고 있거나 먼저 준비한 쪽이 늘 이긴다는 것이다. 가만이 앉아 있으면서 시간이 지나면 다 잘될 거라는 생각은 하나의 착각이다. 회사일이든 미래를 준비하는 투자이든 먼저 더 움직이고 더 노력해야 하는 것이다.

커피 브레이크

"그 어디에도 대가나 노력없이 주어지는 공짜 점심은 없다."

"장 대리, 김 주임 우리도 점심 먹으러 가자."

우리는 최 과장님과 함께 사내 식당에 가서 점심을 같이 했다. 점심을 같이 먹고 우리는 회사 근처에서 늘 마시는 아이스 아메리카노 한 잔을 했다.

"장 대리, 요즘은 부동산 어때? 나 부산이나 창원에 아파트 하나 살까 하는데?"

전세에 살고 계시는 최 과장님께서 이번에는 자가를

매입하고 싶으신 것 같다. 그래서 내 생각을 최 과장님께 말씀드렸다.

"최 과장님, 부동산이든 주식이든 시장을 예측하기는 어렵습니다. 하지만 제가 생각했을 때, 첫 자가는 언제든 마련하시는 것이 좋습니다."

부동산이나 주식 이야기할 때는 김 주임도 나에게 집중한다.

"최 과장님, 특히나 인구가 밀집되어 아파트가 많이 있는 나라에 살면서, 부동산, 특히 아파트는 가장 매력적인 투자처 중의 하나입니다. 그리고 부동산 투자를 통해서 부를 얻기 위해서는 아파트 두 채는 있어야 합니다."

"그래서 말씀드린 것처럼, 첫 자가는 여건이 될 때 하루라도 먼저 마련하시는 것이 좋습니다. 첫 자가는 오르면 당연히 좋습니다. 이번에 자가 매입을 하지 않았더라면, 올랐을 때는 더 높은 가격으로 사야 합니다. 그렇게 되면 또 다시 전세를 살면서, 점점 내 집 마련의 길은 멀어질 가능성이 높습니다."

"첫 자가는 또 떨어져도 괜찮습니다. 내가 부담할 수 있는 대출 범위에서 매수했다면, 버티고, 내가 거주하면 됩니다. 하락장을 버티면 다음 상승장에서는 또 오르게 됩니다."

"주식도 한주라도 직접 투자해보면 더 관심도 가져지고 공부도 하는 것처럼, 부동산도 첫 자가를 마련하면 더 많이 알 수 있게 됩니다. 첫 자가는 언제든 마련하시고, 두번째 집, 투자처는 매수 매도 타이밍이 중요합니다. 두 번째부터 투자이기 때문에 매수할 때 세금 그리고 보유, 향후 양도할 때의 세금까지 고려해서 두 번째부터는 매수 매도 타이밍을 잘 잡아야 합니다."

"모든 자산은 상승과 하락을 반복하는 경기 순환 사이클을 가지고 있습니다. 고점일 때 여기가 고점이야! 라고 말해주지 않는 것처럼 어디가 바닥인지 상투인지는 모르지만 상승과 하락은 언제나 반복되어 왔습니다. 대한민국 부동산은 우상향 하고 있습니다"

"우선, 첫 자가 매입은 전 언제든지 하시라고 권합니다. 다만, 오피스텔이나, 아파텔 보다는, 어느 정도 단지가 형성되어 있는 아파트가 좋습니다. 보통은 형수님께서 사시고 싶은 곳에 아파트를 사시면 좋습니다. 남자보다 여자가 더 인프라, 자녀교육에 더 많이 노출되어 있고, 관심도 더 많으시거든요."

"그런 아파트가 보통 초등학교를 품고 있는 초품아 아파트이거나, 지하철역이 가까운 역세권 아파트입니다. 그런 곳이 생활하기도 편하고 인프라도 잘 되어 있는 곳이죠. 흔히 우리가 말하는 초품아, 초역세권 아파트입니다."

"이런 곳은 나 뿐만 아니라 다른 사람들의 수요도 많아 전세기나 월세가 살 형성되고, 입지가 좋은 아파트입니다. 형수님하고 의논해 보시고, 괜찮다고 생각 하시는 아파트 몇 개 정해서 오세요. 그럼 제가 같이 장단점 봐 드릴게요. 첫 자가는 항상 지금 사시면 되요. 떨어지든 오르든 내 자가는 하나 있어야죠. 다른 건 몰라도 제 생각엔 제 월급이 오르는 속도보다는 아파트 가격이 오르는 속도가 훨씬 빠를 거라고 확신합니다."

"그래, 고마워. 장 대리. 예전에 사원아파트 만료되고 나왔을 때라도 전세 말고 집을 샀어야 했는데, 이번에는 꼭 사야겠어. 와이프랑 알아보고 올게."

무엇이든 시도를 해 보는 게 좋다. 부동산도 하락할 수 있다. 전체적으로 우상향하고 10년 주기이면 집값이 오르지만 단기적으로는 얼마든지 하락할 수도 있다. 쉽게 생각하면 10년 정도만 버틸 수 있으면, 내가 그 이자를 부담할 여력이 된다면 장기적으로는 아파트가격은 상승하는 것이다. 그리고 투자개념으로 부동산을 접근할 때는 다주택자 이어야 한다. 최소 두 채 이상 부동산을 보유하게 되면 장, 단기적으로 여러 방안과 세금 등을 고려해야 한다. 부동산이 한 채이면 하락장에는 내가 거주하면 된다.

간단하다. 첫 자가 마련할 때 우리가 고민해야 할 부분은 이 아파트가 오를까? 라는 부분보다는 내가 이 아파트를 사기 위해 담보 대출을 하고 그 이자를 부담을 할 여력이 되는지, 지금 내가 직장인이라면 내가 계속 회사를 다닐 수 있는지. 이 부분이 우리가 고민해봐야 하는 부분이다. 내가 이자를 부담할 수 있는 능력이 되면 첫 내 집 마련 고민을 깊게 할 필요가 없다.

물론 상승장에는 내 집 뿐만 아니라 다른 집도 다 올랐을 것이다. 그래서 우선 첫 집을 최대한 빨리 사고, 두 채는 있어야 된다. 그렇기 때문에 나는 무주택자에게는 항상 빠른 시기에 집을 사라고 권한다. 우리 회사 복지 중에 사원아파트를 5년간 직원에게 무상으로 제공해주는 복지가 있다. 회사에서 보유한 경남 창원 소재의 30평대 아파트를 무상으로 5년간 임대해 준다. 창원은 울산과 같이 많은 기업이 진출해 있는 기업 도시이다. 그래서 가구당 평균 소득은 다른 도시들에 비해서 상당히 높은 수준이라서 전국에서 몇 손가락에 꼽히는 경제 도시이다. 사원아파트 무상제공 복지는 정말 좋은 제도이다. 가족이 많고 오래 일했다면 당첨될 확률이 높다. 전세금이나 월세를 내지 않고 무료로 거주가 가능한 것이다.

사원아파트 관련해서 재미 있는 이야기가 있었다. 예전에 사원아파트 하나가 5년 만료가 되어서, 사원아파트 무상제공 지원 공고가 사내 전산망에 올라왔다. 복지 중에서 가장 좋은 복지중의 하나라서 조회수도 단연 1위였다. 내가 믿고 의지하는 구매부 최 과장님과 영업부 김과장님 모두 지원하였다. 나도 지원했지만 근속연수가 과장님들 보다 적어서 안 되었다. 사원아파트 최종 결과 구매부 최 과장님이 선정되었다. 최 과장님은 5년간 무상으로 30평대 아파트를 지원받았다. 사원아파트

지원 프로그램에서 2등으로 아쉽게 떨어진 영업부 김과장님은 전세와 자가를 고민하시다가 은행 대출을 받아 흔히 말하는 영끌해서 아파트를 매입하셨다. 그리고 나서 5년이 지나서 최 과장님은 사원아파트를 나와야 했다. 5년전에 비해 집값이 많이 올라서, 지금 가격으로 아파트를 매수하기는 손해일 거 라는 생각과 향후 하락하기를 기대하며, 전세 아파트를 구하셨다.

　반면 5년전에 사원아파트 복지에서 아쉽게 떨어지고 영끌 대출을 해서 아파트를 샀던 영업부 김과장님은 아파트가 그 당시 집값보다 5억이 더 올랐다. 오히려 5년전에 사원아파트에 떨어지고 급하게 집을 산 게 더 좋은 결과가 되었다. 물론 향후에 김과장님 아파트 가격이 하락 할 수도 있다. 아니, 하락 시기가 있을 것이다. 하지만, 5년간 대출을 하며 원금 상환도 어느 정도 되었고, 향후 하라장이 오더라도 버티는 데에는 크게 무리가 없을 정도 일 것이다. 그리고 하락이 왔다면, 다시 상승은 오게 마련이다. 멀리 5년, 10년 이후를 보면 지금 아파트 가격보다 더 상승해 있을 것이다.

　최 과장님은 5년동안 회사복지의 아파트 무상제공 덕분에 큰돈을 대출할 필요도 없었고, 대출이자를 내지 않아도 되었지만, 그렇게 내 돈이 부동산에 쓰이지 않게 되면서, 매달 대출이자를 내야하는 다른 사람들에 비해서 최 과장님은 부동산에 대한 관심도 가지지 않으시게 되었다. 물론 사원아파트에 당첨이 되어서, 무료로 거주를 하면서 흔히 말하는 갭투자, 전세끼고 아파트를 한두채 사두셨다면 정말 최상의 방법일 것이다.

　하지만 세상이라는 것이 내가 생각한대로 되지 않을 때도 많고, 내가 알았을 때는 늦었다, 아쉽다는 생각이 들 때도 많다. 부동산도 마찬가지 인 것 같다. 내가 몇 년 전, 아니 최소한 작년이나 2년 전이라도 그 집을 샀더라면, 지금 이 아파트 고민을 안 해도 된다는 생각을 하는 사람이 많다. 지금 맞춰줘야 하는 전세금이 불과 몇 년

전 매매가보다 높은 것이다. 하지만 천천히 생각해보면 지금 이순간 에도 첫 자가마련을 망설이고 전세를 전전하다 보면 몇 년 후에도 오늘의 내가 왜? 그때 집을 왜 안샀지! 라는 생각을 반복하며 내 집 마련의 꿈은 점점 더 멀어지게 될 것이다.

우리가 첫 자가를 매수할 때 언제 사야 하는 질문에 대한 나의 생각은 지금이 저점일까? 라고 접근하는 것보다는 내가 부담할 수 있는 대출금의 범위의 아파트 가격이라면 그때 사야 하는 것이다. 내가 승진을 하거나 연차가 쌓여서 근로소득이 올라서 그 시기가 오기도 하고, 시장이 하락장으로 바뀌어서 아파트 가격이 하락해서 내가 부담할 수 있는 가격이 되기도 한다. 그럴 때는 더 떨어질 거라는 주변의 목소리보다는 내가 준비가 되었다면, 바로 매수할 수 있어야 한다.

부산출장

"Leave it or Take it."
"하던지, 말던지." 협상전략

점심을 먹고 커피 타임을 가지고 다시 사무실에 왔다. 제일 먼저 내일 부산 출장 신청서를 전자결재 올렸다. 그리고 내일 방문할 부산 알루미늄 업체에 전화를 걸었다.

"안녕하세요, 일전에 전화 드렸던 A사 바이어 장민준입니다."

우리 회사는 외국계 자동차 부품회사 중 미국 회사로

회사이름만 애기해도 다 아는 것처럼 규모도 있고 협력업체에 Buying Power(구매력)도 상당히 큰 규모의 회사이다. 우리와 비슷한 규모의 경쟁업체는 일본 외국계 자동차 부품회사로 D사가 있다. 두 회사가 전세계 자동차 시장을 양분하고 있다고 해도 과언이 아닐 정도이다. 바이어일을 하면서 규모가 있는 큰 회사라서 협력업체 개발할 때, 많은 설명이 필요 없고, 우리에게 개발 제안을 하는 협력업체도 많아서 바이어, 구매인으로 일하기 좋은 회사중의 하나이다.

"네, 대리님. 안녕하세요. 전화 주셔서 감사합니다."

"김 상무입니다. 일전에도 저희 회사 자료 한번 보내드리고 말씀 드린 것처럼, 저희 회사 꼭 한번 방문하셔서, 비즈니스 검토 부탁드립니다."

부산업체 상무님께서 이번에도 꼭 방문을 요청하신다.

"네, 상무님. 그렇지 않아도 마침 내일 시간이 나서 방문코자 전화 드렸습니다."

"갑작스럽게 방문 문의를 드려서 죄송합니다만, 내일 점심시간 지나서 오후 2시정도에 제가 공장으로 방문 드려도 될까요?"

향후 고객이 될 수도 있는 미래 고객사에서 전화를 한다면, 협력업체는 환영할 것이라고 당연히 생각할 수도 있다. 하지만 내 일정에 따라 갑작스럽게 연락을 드렸기에 사전에 양해를 구하고 약속을 잡아야 한다.

"네, 장 대리님. 정말 감사합니다. 저희는 오늘도 가능하고 내일도 가능합니다."

"점심시간에 오셔서 식사도 같이 하시고 저희 공장 한 번 둘러보시는 게 어떻습니까?"

부산업체 상무님께서 흔쾌히 시간이 되신다고 하신다.

"상무님, 말씀 감사드립니다만, 제가 내일 오전에 미팅이 있어서 어렵겠습니다. 점심은 다음에 같이 먹었으면 합니다."

"네, 대리님. 그럼 내일 오후 2시에 뵙겠습니다."

"감사합니다."

바이어로 일하다 보면 식사를 같이 하자는 경우가 많다. 업체 입장에서 우리가 고객이니 비지니스를 따기 위해 무엇이든 하려고 한다.

세상에 공짜 점심은 없다!

꼭 바이어가 아니라 비즈니스를 하면서 대가 없는 식사나 선물은 없다고 생각한다. 흔히 말하는 접대, 공짜 점심 또는 저녁을 받으면 그 대가가 따라온다. 업체가 곤란할 때 무리한 요구이거나 상식적으로 어긋난 요구를 할 수 있는 여지를 만드는 것이 접대나 공짜 점심이다. 그래서 되도록이면 거래를 하기 전에는 업체와 식사를 같이 하지 않는다. 업체와 식사를 같이 하게 되면 화장실 가는 척하고 먼저 계산을 한다. 이 습관은 내가 지금 회사에 입사를 해서 제일 먼저 부장님께 바이어로서 가져야 할 자세로 배운 것이다.

사장님께서도 구매부에 항상 강조하시는 부분이다. 사장님께서 올해 첫 구매부 회의때도 다시 한번 강조하셨다.

"바이어가 협력업체에게 받은 작은 호의가 나중에 우리 회사의 뿌리를 흔들 수 있는 여지가 될 수 있다. 대가 없는 호의는 비즈니스에 없다. 호의를 받지 않으면 우리가 어려울 때 냉정하게 판단하고, 회사의 손실을 최소화할 수 있다."

"그리고 늘 그래왔듯이 우리는 다시 성장할 수 있다. 구매부는 항상 이 생각을 하고 있어야한다. 업체와 식사로 쓴 비용은 회사에서 구매부장 전결로 처리한다. 얻어먹고 다니지 마라."

대부분 돈과 관련된 보고서 결재는 최소한 임원 전결 또는 사장님까지 결재를 받게 되어 있다. 업체 식사 비용에 대해서는 간편하게 구매부장님 결재로 전결되게 사장님께서 몇 년 전에 직접 바꾸셨다.

나도 나중에 기회가 된다면 회사를 세워보고 싶다. 경영자가 한번 되어 보고 싶다. 그래서 인지 사장님의 경영 마인드 철학에 대해서 더 존경스럽다는 생각인 많이 든다.

내일 출장 가기 전에 대구에 있는 협력업체가 생산하여 공급하는 우리 회사 부품의 가격과 도면을 확인해야 한다. 제품 도면을 보면 이 제품의 난이도를 알 수 가 있고, 업체에 어떻게 생산하실 건지 물어보면 이 업체가 생산 능력이 있는 지 없는 지 알 수 있다. 도면상의 공차를 맞추기 위해서 필요한 생산공정과 생산과정이 있는데 이를 설명할 수 있는지 직접 들어보면 업체의 개발 가능 여부를 알 수 있다.

나는 대학교에서 경영학과를 전공하였다. 그래서인지 아무래도 투자에 대해서 전공과목 공부도 하였고 주변, 학교 선배님들 중에서도 투자와 가까이 있는 금융전문

가와 같은 사람들을 만날 수 있는 기회가 많았다.

반면에 바이어로서 사회생활의 첫 걸음을 했을 때는 공대를 졸업한 동료들에 비해 업무적인 지식이 많이 부족했다. 그래서 처음 몇 년간은 다른 동료들보다 업무를 배우는 속도도 느리고 업체 관리도 잘하지 못했다. 그렇기에 매주 사장님께 직접 보고 드릴때도 매번 지적을 당하기 일 수였다. 대리가 되기 전에는 다른 동료들에 비해서 나는 인사고과도 좋지 못했다.

어떻게 보면 당연한 결과일 것이다. 하지만 어렵게 생각하지 않았다. 내가 배우지 못한 부분이고 배우면 해결되는 부분이라고 생각했다. 그래서 공대 관련 서적을 찾아서 보고 생산 현장에 하루에 몇 번씩 찾아갔다. 생산 현장에 작업하시는 분들께 하루에도 수십번의 질문을 하며, 우리 제품이 어떻게 생산되고 내가 바이어로 업체에 갔을 때 어떤 부분을 봐야 하는 지 배우게 되었다.

이렇게 몇 년이 지나다 보니 이제는 공대를 졸업한 동

료들에게 전혀 업무지식이 뒤쳐지지 않는다. 회사에서 배운 업무지식과 직접적인 연관은 없을 것 같았던 경영대에서 배운 지식이 합해지면서 처음 3년을 제외하고는 항상 인사고과 1등을 받았다.

생각해보면 나는 운이 좋은 직장인 인 것 같다. 바이어라는 업이 나에게 천성 맞는 업인 줄은 모르겠지만, 직장생활을 하면서 좋은 인사고과를 받는다는 것은 큰 행운이다. 오늘 오전에 급한 미팅을 끝내고, 이제 출장 가야 할 시간이다. 부산 기장까지 갈려면 점심은 고속도로 휴게실에서 간단히 먹는 것이 좋겠다. 부장님께 보고 드리고, 바로 출발 해야겠다.

"안녕하세요, 부장님. 장 대리입니다."

"어, 장 대리, 오늘 부산 갔다 온다 했지?"

"네 부장님, 저 지금 출발해서 2시정도에 부산업체 상무님 뵙기로 했습니다."

"그래, 장 대리. 운전 조심하고 공장 잘 둘러보고 와."

"그리고 시간 되면 부산업체 사장님도 뵙고 와."

"네, 부장님, 나중에 전화 드리겠습니다."

구매 부장님은 항상 업체 개발할 때 업체 사장님을 되도록이면 뵙고 오라고 늘 말씀하신다. 사장님이 오랜 경험과 기술을 바탕으로 성실해 보이시는 분이면 그 회사는 거래해도 되는 회사라고 늘 강조하신다.

맞는 말씀이시다. 중소기업에 가보면 2세, 3세 경영하시는 곳이 많다. 기술과 경험, 노력을 바탕으로 회사를 창립하신 아버지의 회사를 물려 받아서 잘 경영하시는 2세, 3세 경영인도 많으시지만, 가끔 일부 2세, 3세 경영하시는 분은 회사 업무 보다는 골프나 술, 맛집에 대해서 주로 얘기 하시는 분들도 계신다. 우리가 흔히 말하는 금수저 분들이다. 제품에 대해 물어보면 답을 피하신다. 매출을 늘리는 데에만 혈안 되어 있고, 제품 품질이나 생산에 대해서 신경을 쓰지 않아 나중에 곤란한 일이 많이 생긴다.

협력업체는 개발하는 것보다 나중에 청산, 거래를 종료하는 것이 더 어렵다. 나중에 문제가 많을 것 같은 업체는 개발을 하지 않는 것이 낫다. 비즈니스를 시작할 때는 모두 웃는 얼굴이지만 비즈니스를 종료할 때는 서로 손해를 보지 않으려고 인정사정 없다. 거래가 더 없을 때는 소송까지 준비해야 한다. 비즈니스라는게 쉬운게 아닌 것 같다. 부장님 말씀 대로 부산에 가면 사장님도 찾아 뵙고 와야겠다. 차에 앉아서 부산 기장에 있는 업체를 네비게이션에 입력하니 2시간 20분 걸린다고 한다.

회사 입구에 있는 보안팀에 출장승인서를 보여 드리고 바로 출발했다. 한시간 반정도 운전하다가 휴게실에 들려서 라면과 김밥으로 점심을 해결 하고 부산 기장에 있는 업체에 도착 했다. 부산 기장 업체에 도착하니 어제 통화한 업체 상무님이 직원 두 분과 함께 나와 계신다. 내가 2시 5분전에 도착했는데 아마도 그전에 미리 나와 계셨나 보다. 주차를 하고 인사를 드렸다.

"안녕하세요. 상무님. A사 구매부 장민준 대리입니다."

업체 상무님께서 반갑게 맞아 주신다.

"방문해 주셔서 감사합니다. 장 대리님. 여기는 저희 영업부장 김기동, 생산부장 김선규입니다."

거래를 하게 된다면, 주로 나와 많이 연락을 하게 될 영업부, 생산부서의 부장님들도 같이 나와 계셨다.

"안녕하세요 대리님, 영업부장 김기동입니다."

"생산부장 김선규입니다."

먼저 나와 계신 상무님, 부장님들에게 다시 한 번 인사를 드렸다.

"네. 부장님, 안녕하세요. 장민준입니다."

"장 대리님, 2층 사무실로 가실까요?"

"상무님, 괜찮으시면 1층 생산현장부터 가봐도 될까요?"

업체 방문을 하면 되도록이면 현장을 먼저 가는 편이다. 업체 부장님, 상무님 보다 내가 나이는 어리지만 제품에 대한 전문적 지식이 있고 일종의 기에서 밀리지 않기 위한 전략 이기도 하다.

우리가 좋은 사람이 되기 위해서는 다른 사람말에 경청을 하라고 한다. 내가 많이 이야기를 하는 것 보다 잘 들어주는 사람이 되라고 한다. 정말 맞는 말이다. 같은 직장 동료나 가족을 대할 때는 이런 자세가 꼭 필요하다. 하지만 회사를 대표해서 바이어로 비즈니스를 할 때는 대화를 주도해야 한다.

사회 초년생때 혼자 업체 출장을 보내지 않는 이유도 같은 맥락이다. 업체가 대화를 주도하면 업체가 원하는 방향으로 거래 조건이 성사될 가능성이 매우 높다. 우리가 원하는 방향으로 거래 조건을 성사시키기 위해서는 비즈니스에서는 바이어가 대화를 주도하여야 한다. 나도 바이어를 오래해서 그런지 사적인 자리에서도 원하는 방향으로 줄곧 대화를 주도하는 실수를 하기도 한다. 일종의 직업병인 것 같기도 하다.

"네, 장 대리님. 생산부장인 제가 안내하겠습니다. 여기가 저희 알루미늄 압출 생산 라인입니다."

아무래도 생산현장을 총괄하시는 생산부장님께서 생산현장 라인을 잘 설명해 주신다. 우리가 많이 쓰고 있는 알루미늄, 이 알루미늄을 생산하는 방법은 크게 2가지가 있다.

압출과 인발이다. 쉽게 생각하면 우리가 가래떡을 같은 크기의 동그라미로 길게 뽑는 것이 알루미늄 생산 공정이라고 생각 하면 된다. 떡을 뒤에서 힘껏 밀어서 생산하면 '압출'이라 하고, 앞에서 가래떡을 당기면서 길게 뽑으면 '인발'이라고 한다.

플라스틱 산업이 발전하면서 알루미늄 산업이 상대적으로 타격을 많이 받았다. 기존에는 알루미늄을 썼던 부품도 이보다 더 가볍고 단가도 낮은 플라스틱으로 많이 대체되었다. 그럼에도 특정 부품은 여전히 알루미늄이 필요하다. 알루미늄 기업 시장도 지금은 정말 실력 있고 경쟁력 있는 업체만 남아 있는 정도이다.

"생산부장님, 정밀한 제품을 일정하게 생산하기 위해서 온도나 습도 관리가 되고 있나요?"

압출 또는 인발 이후에 추가공정이 최소화되어야 가격경쟁력이 있다. 추가 공정을 최소화 하려면 일정한 규격의 제품이 꾸준하고 지속적으로 생산 될 수 있는 환경을 현장에서 관리되고 있어야 한다. 온도, 습도 차이가 알루미늄 제품 완성도에 크게 영향을 미치기 때문이다. 그래서 생산부장님께 물어보았다.

"역시 장 대리님, 알루미늄 업체 많이 가 보셨나 봅니다. 보시는 것처럼 생산 라인마다 온도와 무게를 측정해서, 불량여부를 생산 중에 확인하고 있습니다."

"불량품은 완세품 생산공정으로 진행되기 전에 미리 관리가 되고 있습니다. 이를 바탕으로 효율적인 생산과

폐기비용이 낮아서, 다른 경쟁사보다 경쟁력 있는 가격으로 공급하고 있습니다."

맞는 말씀이시다. 제품의 가격 경쟁력을 갖추기 위해서는 불량품은 사전에 선별해 낼 수 있는가 여부가 업체의 중요한 능력이다. 초기 생산공정에서 이미 불량으로 완제품이 될 것이라는 것을 모른다면, 필요 없는 추가 공정까지 다 마친 이후가 되어서야 불량품임을 알게 되고 그제서야 폐기하게 된다. 그렇게 되면 다른 경쟁업체보다 낮은 가격으로 고객사에 공급하기 어려워진다. 그렇기에 가격이 낮다고 해서 업체가 무조건 업체 마진만 줄이는 것은 아니다.

"네, 부장님, 생산 공정이 잘 되어 있네요. 현재 생산하시는 제품 전시관 있으신가요?"

보통 업체는 제품 전시관이라는 곳을 생산현장에서 멀지 않은 곳이나, 사무건물 1층에 만들어서 생산하는 제품과 고객사를 표시하여 둔다. 우리가 아파트 모델하우스에 가면 작은 모형들로 만들어 놓은 아파트 단지와 시설들을 볼 수 있다. 그리고 이 건설사가 어떤 아파트를 성공적으로 건설해서 분양했는지도 보여준다. 이를 통해서 우리가 청약을 하고 아파트를 분양 받도록 해당 건설사에서는 모델하우스를 지어서 고객을 유치한다.

제품 전시관도 같은 맥락이다. 보다 많은 고객을 유치하기 위한 일종의 회사의 홍보관인 셈이다. 제품 전시관에 가서 보면 우리회사 제품을 생산할 수 있을 지 없을 지 알 수 있다.

"네, 장 대리님, 바로 여기입니다. 저희가 현재 알루미늄 압출 시장 점유 3위입니다. 여기 보시는 제품들이 다 저희가 생산하고 있는 제품입니다. 아마 장 대리님도 아시는 것처럼, 이 제품은 D사에 저희가 납품하고 있습니다."

D사는 일본회사로 우리 미국회사의 경쟁업체이다. D사 부품을 생산해서 공급하고 있으니 우리 제품 또한 생

산 가능할 것이다. 이제 가격만 맞으면 될 것 같다.

"네, 부장님. D사야 잘 알죠, 저희 경쟁 업체입니다. 제품을 보니, 기술력이 바탕이 되시는 것 같습니다."

오늘 업체에 와서 생산현장의 관리와 현재 공급하고 있는 제품을 봤을 때, 우리회사 제품을 만들 수 있을 것이라는 확신이 든다.

"장 대리님, 그럼 저희 회의실로 가시죠?"

업체 상무님께서 안내하신다. 회의실 자리에 다과와 녹차, 커피가 놓여 있다. 자리에 앉으니 영업부 김 부장님이 부산 회사 소개해 주신다. 연매출도 400억 정도하고 생산설비와 현재 고객사를 보니, 우리 제품 생산 충분히 가능해 보인다. 영업부장님의 브리핑이 끝나자 상무님께서 말씀하신다.

"장 대리님, 저희 기술력을 바탕으로 최상의 품질로 납기 맞추겠습니다. 저희에게 한번 기회를 주십시오. 최선을 다하겠습니다."

지금까지 생산라인 투어를 하며, 느낀 점은 내가 예상했던 수준보다 더 좋은 수준 이였다. 견적 검토를 망설일 필요가 없었다.

"감사합니다 상무님, 현재 저희가 대구에 있는 협력업체로부터, 공급받고 있는 제품의 도면과 단가입니다."

부산업체에게는 신규 제품이지만, 수년간 우리가 대구업체로부터 납품 받아서 생산해오고 있는 제품이라서, 현 단가를 알려주는 편이 향후 개발 기간을 당길 수 있다고 판단했다.

그리고 우리가 경쟁사의 수준을 어느정도 알고 있는 것처럼, 알루미늄 시장 자체가 크지 않아서 부산업체에서도 우리가 어느 정도 납품가로 대구업체에서 납품 받고 있는지, 사전에 조사를 했을 것이다.

제품의 도면과 단가를 보시고 바로 부산업체 상무님께서 말씀 히셨다.

"장 대리님, 저희 단가 맞추겠습니다. 저희 에게도 물량을 주십시오."

예상대로 부산업체에서도 제품과 납품단가를 어느정도 파악하고 있었던 것 같다. 그렇기에 단 몇 분만에 우리 회사가 공급받고 있는 가격에 맞춘다고 하시는 것이다.

"상무님, 우선 저희 단가에 공급 가능하신 걸로 해서, 저 하고 회의록 하나 작성하시죠. 제가 회의록 가지고 회사에 돌아가서 보고 드리고, 다시 연락 드리겠습니다."

부산업체 검토에서 중요했던 2가지 제품개발 능력과 제품단가를 맞출 수 있는지를 오늘 출장을 통해서 확인하였다.

"장 대리님, 회의록에 서명했습니다. 연락 기다리겠습니다."

"감사합니다 상무님, 영업부장님, 생산부장님, 좋은 회사 알게 되어서 저도 영광입니다. 혹시, 사장님 계신

가요? 이제 저도 회사에 돌아가 봐야 해서요."

그렇게 말씀드리자, 상무님께서 아쉬운 표정으로 말씀하셨다.

"저희 사장님, 해외 출장 중이십니다. 다음 번에 꼭 뵙도록 시간 맞춰 두겠습니다."

"네. 상무님, 감사합니다. 그럼 이만 가보겠습니다."

다행이다. 내일 대구에 있는 업체에 가기전에 보험이 생겼다. 최악의 상황이 오면 부산에 있는 이 업체로 변경하면 된다. 협력업체를 바꾸는 일은 흔히 있는 일이 아니다. 자동차업계에서 업체를 변경하게 되면 여러가지 절차를 거쳐야 한다. 자동차 사고는 사람의 생명과 직결되어 있기 때문에 변경 절차가 무척 까다롭다. 이왕이면 지금까지 별다른 품질 문제없이 잘 거래를 해오던 업체를 유지하는 것이 비용적인 면에서도 좋다.

하지만 우리 회사도 가격 경쟁력을 갖추기 위해서는 꾸준히 대안 업체를 개발해서 대비하고 있어야 한다. 그래야 단가 협상을 할 때도 우리가 좋은 포지션을 차지할 수 있다. 벌써 시간이 오후 5시이다. 부장님께 전화로 보고 드려야겠다.

"안녕하세요. 부장님, 장민준 입니다."

"어, 장 대리, 부산업체 어때? 실력 있는 업체야?"

"네. 부장님, 저희 경쟁사인 D사에 저희와 비슷한 제품을 생산해서 공급하고 있었습니다. 기술력도 바탕이 되 있고, 저희 단가도 가능 하다고 회의록 작성했습니다. 회의록에 부산 회사 상무님께서 직접 서명하셨습니다."

간략하게 부장님께 전화로 보고를 드렸다.

향후에 우리 품질부서에서 업체를 방문해서 제품생산능력을 정확하게 확인할 것이다. D사 제품을 생산하고 있다는 것은 D사의 규모도 우리와 비슷하기에 까다로운 여러 부서의 검증을 통과했다는 뜻이다. 그렇기에 부장님과 나는 제품생산능력 부분에 대해서는 어느 정도 될 것이라는 확신이 왔다.

"그래. 장 대리, 수고 했어. 어디야? 부산이야?"

"네, 부장님. 이제 막 부산업체에서 나와서 전화 드렸습니다."

"장 대리, 그러면 집으로 바로 퇴근하고, 내일 보자."

"네. 감사합니다. 부장님, 내일 뵙겠습니다."

가끔씩은 일은 우리 대리급 과장급 직원들이 다하고 부장님들은 보고만 받으시고 훨씬 더 많은 연봉을 받고 계시지 않나? 라는 생각이 들기도 한다. 물론 내 생각이 맞을 수도 있고 내가 알지 못하지만 더 높은 자리에 계실수록 더 스트레스가 심할 수도 있을 것이다. 아마도 내 월급이 적당하거나 내가 일하는 정도에 비해 많이 받고 있다고 생각하는 직장인은 그리 많지 않을 것이다.

나는 개인적으로 바이어라는 직업이 내 적성에 잘 맞는 것 같다. 매일 매주 똑같이 반복되는 업무보다 어떤 문제에 대해서 내가 주도해서 계획도 세우고 그 결과도 수치적으로 측정이 가능하다.

내가 한 업무에 대해서 수치적으로 객관적으로 평가가 가능한 것이다. 다른 부서와 비교하면 구매부의 이러한 부분은 나 자신에게 많은 동기부여가 되는 부분이다. 내가 노력하면 내 성과를 수치화하고 객관적으로 나타낼 수 있기에, 대리급들의 시각에서도 업무 고과 평가가 공정하다고 느껴지는 것이다. 예를 들어, 내가 단가 인상 요청을 방어하거나 다른 좋은 업체를 개발해서 원가 절감을 하면 그 업무 성과에 대해서 수치적으로 나타내기 쉬운 직업이다. 다만 상대적으로 책임을 져야하는 정도가 타부서에 비해 높고 업무처리에 대해서도 더 신중해야 한다. 그래서 인지 우리회사에서 영업부와 구매부는 매주 사장님께서 직접 보고를 받으신다.

해운대 아파트

"High Risk, High Return"

부산 기장 출장 오면서 하나 더 생각한 것이 있다. 손 임장을 통해서 인터넷으로 알아본 부산 해운대 아파트 임장을 가보려고 한다. 기장에서 내비게이션을 찍으니 30분이 나온다. 내가 바이어 업무를 좋아하는 이유중의 하나가 일하면서 전국 임장과 맛집을 가 볼 수 있는 것 이다. 그래서인지 나는 내월급과 회사를 만족하며 다니 고 있다. 부산업체에 나와서 30분 운전을 해서 부산 해운대 아파트에 도착했다. 다행히 부산 기장에서 해운대는 그렇게 멀리 떨어져 있는 곳이 아니었다.

나는 창원에서 일하고 있지만, 태어나고 자란 곳은 부산이다. 부산에 대해서 서울 친구에게 물어보면 제일 많이 가봤다는 곳이 해운대 바다이다. 20~30년전 내가 중학생일때는 부산 해운대는 바다만 있었고 근처 횟집과 포장마차가 다였다. 그러다가 대우건설 김우중 회장님이 부산 해운대에 와서 바다 가까운 곳을 매립을 하고 대우마리나 아파트를 짓기 시작하면서, 부산 입지의 지각 변동이 있었던 것 것이다. 내가 어릴 때는 남포동, 서면일대가 부산의 중심 이였다. 모든 인프라가 집중된 곳이였다.

지금은 부산의 남포동, 서면이 서울의 명동처럼 남고 부산의 강남은 해운대가 되었다. 대우마리나 아파트가 들어서면서, 해운대 바다 부근에 초고층 아파트가 들어서고 마린시티라는 부산 최고의 부촌 도시가 생겨났다.

밤에 마린시티에 가서 요트 선착장과 주변 초고층 아파트의 야경을 보면 마치 홍콩의 야경과 비슷하다. 부산에서 태어나서 지금의 해운대를 보면서 도시의 중심지는 변할 수 있다는 것을 알게 되었다. 그리고 지금은 그 중심지가 쉽게 변할 수 있지 않은 시대에 우리가 살고 있다는 것도 알게 되었다.

현재 나는 창원에 아파트를 하나 분양 받아 살고 있고, 이번에 전세끼고 사거나 아니면 담보대출을 해서 잔금을 내고, 전세를 구해서 대출금을 갚을 생각이다. 그리고 부산 제일 부촌 해운대 마린시티를 사기에는 내 여유자금이 부족해서 마린시티 바로 옆 해운대 센텀시티에 아파트를 투자 목적으로 사둘 생각이다.

내 생각에는 부산의 강남, 부산의 중심지로 자리잡은 해운대의 입지는 앞으로 10~20년 이내에 쉽게 바뀌지 않을 것이리고 생각한다. 불론 부산 해운대와 같이 광안리 바다 부근이 부산의 중심지로 새롭게 발전 할 수도 있겠지만 해운대는 그럼에도 입지, 인프라의 가치는 지니고 있을 것이라고 생각한다.

의식주는 사람이 살아가는데 꼭 필요한 요소이다. 그 중에서 잠잘 곳, 집은 정말 좋은 투자처이다. 보통 대체재가 없는 것이 좋은 투자 물건이라고 말한다. 금은 기호에 따라서 다이아몬드가 대체할 수 있고, 돼지고기도 소고기, 닭고기 등으로 대체할 수 있다. 대체할 수 있다면 그만큼 수요가 분산된다는 것이고 많은 이익을 기대하기 어렵다는 것이다.

그리고 시장이 하락기로 접어들 때 대체제가 많은 물건은 거래조차 어려울 수 있다. 아파트의 대체제는 아파트이다. 토지는 한정적이고 인프라는 하루 아침에 구축되기가 쉽지 않다. 서울의 강남을 대체하거나 더 발전하고 인프라가 더 좋은 도시가 새롭게 탄생할 수도 있다. 그렇지만 그렇다고 해서 강남의 가치가 수도권 외곽지대와 비슷하지 않을 것이다. 강남보다 더 좋은 도시가 생겨난다면, 강남에 있는 부자들이 일부 새로 생겨난 더 좋은 도시로 이동하게 될 것이고, 강남은 그 다음부자들이 그 빈자리를 메우게 될 것이다. 새롭게 생겨난 더 좋은 도시는 결론적으로는 강남을 대체하는 것이 아니고 수도권 외곽 지대와 지방을 대체하게 될 것이다. 연쇄적인 이동 뒤에는 수도권 외곽 지대와 지방에는 빈집촌이 형성될 수도 있다.

부산에서 인프라가 가장 좋은 곳인 해운대는 앞으로 부산의 강남으로 다른 지역보다 더 집값이 오를 것이다. 그리고 쉽게 해운대 인프라를 대체하기는 어려울 것이다. 바꿔 이야기하면 해운대는 지금 살기에도 그렇고 앞으로도 좋은 투자처이다.

그리고 부동산으로 부를 이루기 위해서는 집은 2채는 있어야 한다. 한 채만 있으면 집값이 올라서 팔더라도 내 집이 오른 것처럼 비슷하게 오른 집을 사야한다. 그러면 현실적으로 부동산에 묶이지 않은 내 자산은 그대로가 된다. 간혹 전세 살다가 집값이 떨어지면 다시 산다는 분도 계신다. 개인적으로 전혀 동의하지 않는다. 주식과 같이 거래가 쉽고 거래량이 많으면 가능할 수도 있지만, 전세 계약 기간 등을 고려해서 내가 최고의 타이밍에 팔고 최고의 티이밍에 산다는 생각을 하는 것에 동의하지 않는다. 그건 내가 시장의 흐름을 정확하게 계산하고 예상할 수 있다는 착각이다.

High Risk, High Return.

우리가 투자를 하는 것은 Risk(미래에 대한 불확실성)가 있기 때문에 가능한 것이다. 우리가 알아야 할 부분은 우리가 관리가 가능한 Risk가 있고 그렇지 않은 Risk가 있다는 것이다.

시장위험, 비시장위험 그리고 체계적위험, 비체계적위험.

우리가 관리할 수 있는 비시장위험, 비체계적위험 그리고 관리가 불가능한 시장위험, 체계적위험 이 위험들이 합쳐져서 총 위험이 된다. 과연 부동산 투자는 어떨까?

대부분 시장 위험과 한국은 특이하게 정부정책 이 2가지 요인에 따라서 많이 변한다. 둘 다 내가 관리할 수 없는 영역이다. 그렇다면 입지분석을 해서 관리할 수 있는 위험인 비시장위험, 비체계적위험을 제거하고 시장에 맡겨야 한다는 것이다. 시장에 맡기고 시장을 배우면서 투자를 하는 것이다. 내가 시장을 알고 투자를 한다는 착각은 하지 말아야 한다.

MZ세대인 우리는 의학이 발전하면서 100세 시대에 살고 있고, 살아가게 될 것이다. 흔히 우리가 말하는 좋은 회사, 대기업이나 외국계 회사를 다니고 개인 업무 능력도 좋아서 정년 퇴직을 한다고 생각해보더라도, 우리MZ세대는 60세를 기점으로는 직장에서 은퇴를 하여야 한다. 그리고 나서 70, 80, 90세를 살아가야 한다. 발전한 의학 덕분에 많은 사람들이 80대, 90대를 살아가게 될 것이다.

내 노년기가 어떤 모습이 될지는 지금 내가 어떻게 준비하는지에 따라서 달라지게 될 것이고, 내가 꾸준히 투자를 계속할 수 있는 지의 여부에 따라서도 달라지게 될 것이다. 내가 시장의 위험을 관리할 수 있다는 착각은 주식이든 부동산투자에서 하지 말아야 한다. 그렇게 겸손한 자세로 시장을 배운다는 생각으로 시장을 대해야 내가 노년기까지 시장에 투자를 하며 경제적으로 조금 더 나은 삶을 살아 갈 수 있다고 생각한다.

이제 막 도착했다. 근처에 주차를 하고 아파트에 갔다. 보통 나는 임장을 가면, 근처 공영주차장에 차를 주차해두고, 그 아파트 입구에서부터 초등학교까지 걸어가 보고, 아이 입장으로 걸으면서 주변 학원가 등을 확인한다. 그리고 다시 아파트로 돌아와서 주부 입장으로 주변을 걸으면서 마트나 식당, 그리고 내 아이가 다닐 만한 학원가 등 주변 인프라를 본다. 하지만, 지금 오후 5시반이라 예전부터 자주 인사 드렸던, 부산 해운대 센텀시티에서 부동산을 하고 계시는 부동산 소장님께 서둘러 갔다. 부산 해운대 센텀시티에 아파트를 사겠다는 생각을 하고 나서는 거의 일년 동안 한달에 한 번씩은 센텀시티에 와서 주변 아파트 임장도 하고 부동산도 매달 몇 군데씩 가봤었다.

　그렇게 임장을 다니고 부동산 소장님들도 많이 만나 뵈면서 나하고 잘 맞고 잘 하시는 분이라서 더 자주 찾아 뵙고 명절에는 선물도 드리면서 가까운 사이가 되었다. 아파트를 사고 파는 것도 비즈니스고 그 중개수수료를 업으로 삼고 계시는 분들이 부동산 중개 소장님들 이시다. 비즈니스도 사람이 하는 거라서 아무래도 서로 인사하고 알고 있는 부동산 소장님이 주변에 있으면 여러모로 많이 도움이 된다. 그리고 현실적으로 가장 그 부동산 현장 분위기를 제일 잘 아시는 분들이 현지 아파트 부동산 소장님들 이시다. 당연히 급매라고 판단될 만큼의 진짜 좋은 가격에 나온 급매는 네이버에 올리기도 전에 소장님들 친분이 있는 분에게 먼저 전화를 주신다.

부동산 투자를 하면서 내가 투자하고 싶은 지역에 잘 아는 부동산 소장님이 없다면 문틀이 닳을 정도로 인사드리고 친분을 쌓아 두어야 한다. 그래야 좋은 물건도 추천 받을 수 있고, 나중에 전세나 월세를 놓아서 관리를 할 때도 그 아파트 앞에서 부동산 중개업을 하고 계시는 소장님의 도움을 많이 받을 수 있다. 그렇지 않으면 창원에 살면서 해운대 아파트를 임대해 주고 나서, 세입자분이 문제가 있다고 할 때마다 내가 직접 해운대까지 가야한다. 이러한 부분도 현지 부동산 소장님께서 도움을 주실 수 있고, 전세나 월세 놓기도 좋으니, 꼭 친한 부동산 소장님을 만드는 게 좋다.

내가 바이어라는 일을 처음 시작할 때도 공과대학을 나오지 않고 경영대학을 나와서, 다른 공대출신 바이어들 보다 뒤쳐져 있었다. 하지만, 나는 매번 생산현장에도 가고 공대 책자도 찾아보면서 나의 부족한 부분을 채워 나갔다. 부동산도 마찬 가지라고 생각한다. 자취를 할 때 계약해본 몇번의 월세 계약을 제외하고는 결혼하고 나서 처음으로 전세 계약을 해봤다. 그리고 나서는 여러 강의도 찾아 듣고 임장도 수 십번 수 백번 다녔다. 처음에는 몇 번이고 머뭇거리며 다시 돌아갔던 부동산 사무실을 이제는 편의점 가듯이 편하게 열고 들어간다.

부동산 소장님

"투자라는 것이 참 어렵다."

"안녕하세요, 오랜만에 인사 드리네요."

부산 해운대 센텀시티 자리에서만 30년 넘게 부동산 중개업을 하시고 계시는 소장님 이시다. 부부 두 분께서 함께 운영하는 곳이다. 오늘이 거의 9번째 인사 드리는 날이다. 오래 하시고 정직하게 하시다 보니 여기 소장님에게만 10년 넘게 임대를 맡기고 다른 지역에 살고 있는 투자자들도 많다고 하신다. 센텀시티의 아파트를 사서 여기 부동산 소장님에게만 임대를 내놓고 세입자가 나가게 되면 또 여기 소장님에게만 임대를 놓는다. 소장님은 여기 아파트 상가에서 중개업을 하시면서 세입자가 물이 새는 수도 문제 라든지 작은 수리가 필요한 문제가 생기면 타지에 있는 집주인이 직접 안 와도 되게끔 중간에서 수리 업체도 알려주시고 수리가 제대로 되었는지도 집주인과 세입자에게 알려 주신다. 이렇게 2년을 관리를 해주시니깐 부동산 수수료가 아깝지 않고, 자주 찾는 고객들이 늘어나는 것이다.

"그래, 어서와. 저녁은 했고? 아직 이지? 간짜장, 하나 같이 먹자."

부동산 소장님께서 때 마침 같이 저녁 먹자고 하신다.

"네, 저 아직 전입니다. 간짜장 좋죠."

부산 간짜장에는 계란후라이를 올려 준다.

오랜만에 온 나에게 부동산 소장님께서 현장 근황을 알려 주신다.

"안 그래도 내가 전화하려고 했어. 요즘 분위기가 심상치 않아."

"집 매물이 거의 없어. 또 오르려고 그러는지…."

"부동산 오래해도 요즘은 어려워. 잘 모르겠어…."

여기 부동산 소장님은 해운대 아파트 상가에 계시고, 이부근에서만 30년 가까이 하셨다. 3년전에 내 시드머니로 사고 싶은 센텀시티의 이 아파트가 신축으로 건설되면서, 이 아파트내에 있는 상가를 사셔서 들어 오셨다. 부동산 상가 양 옆까지 해서 총 3개 상가를 사셔서 2개는 월세를 받고 계신다. 자녀들도 여기 아파트 로얄동 로얄층 흔히 말하는 RR이 나왔을 때 매입해서 아들 둘도 그 자녀들과 여기 사신다. 가능하다면 여기 계시는 소장님처럼 70, 80대를 보내는 것이 참 좋겠다는 생각이 든다. 직장인과 달리 정년 없이 더 경제 활동도 하실 수 있고, 자녀들의 손주까지 잠깐 봐주실 수 있다면 정말 좋을 것 같다.

바이어로 일하다 보면 스팸이나 생활용품, 회사 기념품 등을 받을 때가 있다. 나는 그런 상품을 받으면 여기 계시는 부동산 소장님께 하나씩 드렸다. 좋은 매물은 부동산에서 가족이나 아는 사람에게만 알려준다. 굳이 네이버에 올려서 안 팔아도 되기에 친한 부동산 소장님이 있으면 좋다. 임장을 다니다가 좋은 부동산 소장님을 만나면 일부러 눈도장을 찍으러 한 번씩 찾아 뵈었다.

어느 분야 이든 열심히 찾아다니고 발품을 팔면 더 자세히 알게 되고, 관련 전문가 분들을 한 번 두 번 찾아 뵙고 인사 드리면 한분 두분 나의 인적 자산이 된다. 처음에 막상 부동산이나 주식투자를 하려고 보면 아는 것도 많이 없고, 내 주변에 잘 아는 사람이 없다고 할 수도 있다. 어떻게 보면 처음에는 그런 것이 당연한 것이다. 내가 그 분야에 알려고 노력도 하지 않았고, 그 사람들을 만나 보지 못했기 때문이다. 그래서 알아보고 발품도 팔고 찾아 뵙고 인사도 하면서 그 분야에 대해서 알아가면서 시작하면 되는 것이다. 마침 간짜장이 도착해서, 부산에서만 맛볼 수 있는 내가 좋아하는 계란이 올라간 간짜장을 맛있게 먹고 있었다.

"애기아빠, 제일 앞 101동은 아닌데, 뒷 동이긴 한데 103동에 매물이 하나 나왔어. 양도세 비과세 받을려고 그런지, 시세보다 한 2천만 원 정도 싸게 나왔어."

"다른 매물 좋은 거는 주인이 좀 높게 받을려 하고, 저층은 있는데, 저번에 저층은 안 한다고 했지?"

소장님께서 급매로 나온 매물을 나에게 알려 주신다. 내가 정기적으로 소장님께 찾아가서 인사 드리려는 이유 중의 하나이다. 소장님께는 급매가 나오면 알려주고 싶은 고객이나 지인분들이 많이 계실 것이다. 그 중 먼저 생각이 들거나, 눈에 먼저 보이는 사람에게 급매를 알려줄 가능성이 높다. 그래서 한 번씩은 꼭 들렸는데, 오늘 마침 기다리던 좋은 급매 매물이 있었다.

"네, 조금 기다리더라도 저층은 안 살려고요. 나중에

팔 때 힘들더라고요."

보통 저층은 부동산 상승장에서 거래가 되고, 보합이거나 하락장에서는 거래가 잘 되지 않는다. 상승장에는 좋은 매물이 다 들어가고 저층 매물이라도 나오면 더 오를 거라는 투자 심리에 따라 매수자들이 바로 매입을 한다. 하지만 하락장에서는 좋은 층의 아파트 조차 가격이 내려가거나 거래가 잘 되지 않기에, 낮은 층은 매수자들 머리속에 없다. 나처럼 대출 또는 전세를 끼고 사야하는 입장에서는 시장이 좋지 않을 때도 내가 버티거나 시장에서 나올 수 있는 출구 전략이 있어야 한다. 그렇기에 나는 되도록이면 저층은 매수하지 않는다.

"그래, 급매 이거 17층이고, 또 판상형이야. 그런데 이집주인이 월세를 받고 있는데, 월세 사는 사람들이 집을 안 보여줘."

"안 그랬으면 나가도 벌써 나갔을 집이야. 애기아빠, 살래? 계좌번호 달라고 할까?"

해운대 센텀시티에는 아파트를 살려고 수십 번 임장을 왔었다. 그리고 여기 아파트 임장만 해도 10번 정도는 왔었고, 여기 부근에 부동산 하시는 분들은 다 만나봤었다. 일대 부동산 소장님들이 열심히 찾아오는 창원 애기아빠 라면 다들 아 실 정도로 자주 왔었다. 101동, 102동, 103동, 104동 타워형, 판상형 모두 집을 봐 두어서 나는 꼭 그 집을 보지 않아도 되었다. 같은 라인의 아파트는 같은 평수이고, 같은 판상형 이거나 타워형이다. 대부분 부엌과 거실이 탁 트인 판상형을 선호한다. 여기 아파트는 101동이 강 조망도 나오고 입구 동이라서 101동이 제일 선호되는 동이지만 103동도 놀이터 앞이고 단지내에는 차가 다니지 않기에 그렇게 나쁘지 않은 동이다. 층수만 괜찮고 판상형 이면 투자가치가 있다고 생각했다. 그리고 지금같이 매물이 잠기면서 부동산 아파트 가격이 오르는 분위기에는 로얄층이고 판상형에다 시세보다 낮은 가격이면 더 이상 고민할 필요가 없었다.

머뭇거리면 매물이 들어가서 못 사게 되거나, 조만간에 가격을 올릴 것이다.

"네, 소장님. 제가 할께요."

"그래 있어봐봐, 내가 매도인에게 전화 해볼께."

매수를 하겠다고 말씀드리자 마자, 바로 매도인에게 연락을 했다.

"네, 소장님, 안녕하세요."

"대박 부동산입니다. 사장님 매물 매수할 분 지금 와 계세요. 가계약금 바로 보내게요. 사장님 명의 계좌번호 좀 알려주세요"

바로 매수하겠다는 부동산 소장님의 전화에 매도인은 약간 의아해하는 눈치였다.

"세입자가 집 보여 주던가요?"

내 느낌에 매도자가 세입자와 관계가 좋지 않고, 세입자가 만기가 다 되어가는네 십을 보여주지 않고 있는 것 같았다. 세입자 만기전에 무조건 집을 보여줘야 한다는

법은 없다. 사정상 맞지 않으면 안 보여줘도 법적으로는 어떻게 할 수 없다. 그래서 이 집이 아직 그 가격에 나와 있고, 많은 사람들이 왔지만, 집을 보고 간 사람은 없어서, 거래가 안 되고 있었던 것이다. 그래서 집도 안 보고 바로 계약한다고 하니, 매도인이 의아해하게 생각했던 것이다.

"안 보여주지. 부동산이라고 하면 전화 끊어버려. 세입자가. 나도 부동산하면서 이런 경우는 처음이야. 매수할 사람, 다른 층에 전세 나온 거 내가 보여줬어."

"이사비 정도 조금 빼주고 계약 합시다."

부동산 소장님께서 조금 조정을 제안하셨다.

"소장님, 얼마나요? 200만 원이요?"

"매도인분 500만 원 빼주고, 매수인에게 내가 바로 가계약금 보내라 할께, 지금 매수인 여기 같이 있어."

부동산 소장님께서 500만 원 빼서 계약성사를 서두르셨다.

"소장님, 그래요 그럼, 계좌번호 문자로 보내 드릴께
요."

매도인분이 급히 팔아야 되는 것 같았다. 좋은 층수,
판상형 임에도 500만 원 더 빼서 바로 계약을 한다고 한
다.

"애기아빠, 지금 돈 얼마돼? 오백? 한 천만 원 넣어. 이
가격 다른데 보다 2천 싸서, 다른 부동산에서 가져 갈 수
도 있어. 가계약금 한 천만 원 하자."

맞는 말씀이다. 원래 줄 돈이고 몇 백만 원 넣었다가
예전에 다른 부동산에서 그 금액 물어주고 500만 원 더
준다 해서 300만 원 돌려받은 적이 있다. 가계약도 계약
이라 300만 원을 위약금으로 더 돌려 받았지만, 좋은 매
물을 놓치고 말았다. 소장님이 500만 원 이사비까지 빼
주셨고, 내가 알아본 시세보다도 2~3천만 원 낮은 진짜
급매다. 월세 사는 분이 집을 안 보여줘서 다른 분들이
꺼렸나 보다.

열심히 주식해서 만든 내 seed money 5천만 원으로 이 집을 살 것이다. 소장님께서 등기부등본을 떼 오신다. 소장님께서 문자로 받으신 주민등록증의 이름과 등기부등본상 이름을 확인해 주신다. 그리고 계좌명도 동일인이다.

"됐다. 애기아빠, 얼른 입금해, 우리가 잡자!"

소장님께서 보여주신 계좌로 바로 천만 원으로 가계약금을 입금했다.

"네, 소장님. 천만 원 송금했어요."

소장님께서 바로 집주인에게 전화를 거신다.

"장민준으로 천만 원 입금된 거 확인되세요?"

매도인도 바로 확인하였다.

"네, 확인됩니다."

"매도인 분, 그럼 본 계약서는 언제 쓸까요? 이번 주 토요일 바로 쓸까요?"

아무래도 배를 타는 매도인이라 가능한 날짜가 제한

적인 것 같았다.

"소장님, 제가 지금 배를 타고 있어서, 다음 주 수요일에 부산에 도착합니다. 다음 주 수요일 오전 10시에 가능 할까요?"

소장님께 나는 고개를 끄덕이며 된다고 신호를 보냈다.

"네, 그럼. 매도인 분 다음 주 수요일 오전 10시까지 대박 부동산으로 오세요."

전화를 끊으시고, 부동산 소장님이 잘됐다고 말씀하셨다.

"애기아빠, 됐다! 세입자가 이번 달 말에 나가거든, 그럼 같이 가서 집 상태 확인하고, 바로 잔금 치르자. 하자가 있으면 정도에 따라서 법적으로 청구할 수도 있으니깐 같이 가서 보면 되니깐. 그런 거는 걱정하지 말고."

나는 어러가지 꼼꼼하게 챙겨 주시는 소장님이 감사했다.

"네, 소장님. 신경 써 주셔서 감사합니다."

"그래요, 애기아빠. 조심히 올라가고, 다음 주 수요일 날 오세요."

"네, 소장님. 감사합니다."

그렇게 인사를 드리고 부동산을 나왔다. 됐다! 드디어 나의 두번째 집 계약을 했다. 그리고 내가 투자가치가 좋을 것이라고 생각한, 부산의 강남 해운대 센텀시티에 신축한지 3년밖에 되지 않은 아파트를 매수하였다. 직장을 다니며 승진을 할 때 성취감을 느끼는 것처럼, 집을 계약하면 개인적으로 그 이상의 성취감을 느낀다. 그동안의 업무성과가 쌓여서 승진이 된 것처럼, 두아들의 맞벌이 가장으로 회사생활과 육아로 치열하게 살아가는 와중에도 짬짬이 시간을 내어서 보다 나은 내일을 위해서 아파트 투자에 관심을 가지고 노력한 투자의 결실이다.

내 연봉보다 열 배 가까이 되는 아파트를 쉽게 살 수

는 없다. 그렇기에 오늘은 승진한 날보다 더 큰 성취감을 느낀다. 열심히 주식하며, 모은돈 5,000만 원과 담보대출 60%, 모자라는 금액은 마이너스 통장 만들어서 맞출 수 있을 것이다. 물론 담보대출은 정해진 금액이 있지만, 마이너스와 같은 신용대출은 와이프도 직장생활을 하고 있어서 각자 대출할 수 있다. 그러면 잔금까지 가능하다. 그리고 나서 최대한 빨리 세입자를 구해서, 전세금 받아서 대출 갚아야겠다. 대출할 때 내가 직장인이라는 게 참 좋은 것 같다.

시드머니가 많지 않기에 바로 올전세로 돌리고 갭투자를 하는 것이 지금 내가 할 수 있는 아파트 투자방법 중 맞는 방법 중의 하나이다. 물론 세입자가 나갈 때 아파트 가격이 오르지 않거나, 세입자가 잘 구해지지 않으면 곤란한 상황에 빠지게 될 수 있다. 깡통전세 같은 상황이 올 수도 있다. 그래서 내가 나중에 곤란한 상황이 오면 조금이라도 매도가 가능한 좋은 입지 그리고 저층은 기피하는 것이 내가 할 수 있는 지금의 전략이다.

투자라는 것이 참 어렵다. 그리고 시드머니가 많이 없다면, 불확실성 Risk는 어느 정도는 감안하고 과감하게 실행하여야 한다. 아직은 젊고 와이프와 나 모두 안정적인 직장을 다닐 수 있는 시기이다. 그래서 나는 30대에는 과감하게 부동산 투자를 하려고 한다.

단가 협의

"때로는 최선책이 아닌
두번째 최악인 차악책을
택하며 살아갈 때도 있는 것이다."

어제 부산업체와 일이 잘 되어서 기분 좋게 출근했다.

물론, 그동안 손임장, 발임장 다니면서 꼭 사고 싶었던

아파트를 가계약한 것도 너무 기분 좋다.

"안녕하세요, 부장님!"

일도 잘되고 투자도 잘되어서 그런지 평소와 다르게

힘차게 인사를 드렸다.

"어, 장 대리! 오늘 얼굴 좋아 보이네. 그래, 어제 수고

많았어, 오늘 대구 협력 업체 갈꺼지?"

맞다. 부산업체는 만약을 위해서 대안을 가지기 위해서 갔었던 것이고, 우리가 바라는 최상의 시나리오는 지금 업체의 단가인상요청을 방어하고 기존 단가로 기존 업체와 거래를 계속 하는 것이다. 물론 부산업체 영업부에서 언제 거래를 하느냐고 묻는 전화가 몇 차례 올 것이다.

"장 대리, 알고 있겠지만, 대구업체 우리와 거래하면서, 10년 동안 불량 한번 없었어. 가능하면 단가 인상 방어하는 쪽으로 하는 게 좋아."

대구에 소재한 알루미늄 업체는 내가 관리하고 있는 업체중에서 제품품질 관련해서는 다섯 손가락에 꼽히는 실력 있는 업체이다. 자동차 부품회사에서는 품질이 제일 중요하다. 자칫 잘못했다가 부품 결함으로 사고가 나면 사람이 목숨을 잃을 수도 있는 것이다. 그래서 가격방어가 가능하면 지금업체를 유지하는 것이 좋다는 부장님의 판단이시다.

"네, 부장님. 오늘 오전 중으로 출장 갔다 오겠습니다."

"그래, 장 대리, 나중에 전화 보고해."

"네, 알겠습니다. 부장님."

자리로 돌아와서 대구 협력업체 영업부장님께 전화 드린다.

"안녕하세요, 서 부장님, 오랜만에 인사 드립니다. 장 민준 대리 입니다. 잘 계시죠? 부장님."

워낙 납기, 품질에 문제가 없던 업체라서, 따로 연락 드릴 일이 없었다. 업체 개발 이후에는 서로 연락이 없 다는 것은 그만큼 서로가 계약대로 잘 이행되고 있다는 말이기도 하다.

"안녕하세요. 대리님, 요새 다들 힘들죠. 아시다시피, 저희가 거래한 지 10년이 넘었잖아요. A사는 우리 한테 꼭 필요한 고객이고요."

대구업체 영업부장님의 목소리가 힘이 없으시다. 10
년 넘게 거래한 고객사에 단가인상 공문을 보내서, 현
단가로는 더 이상 거래가 어렵다는 말을 하기가 쉽지 않
았을 것이다.

"장 대리님, 알루미늄 가격이 너무 올라서 저희도 많
이 어렵고 힘드네요."

대구 협력업체 영업부장님의 말투로는 많이 어렵고
힘들지만, 되도록이면 우리와 거래를 계속 하고 싶어하
신다. 잘 논의하면 단가 인상 요청 방어 할 수 있을 것 같
다는 생각이 들었다.

"네, 부장님. 안 그래도 제가 찾아 뵈려고 전화를 드렸
습니다. 저희도 부장님과 같은 마음이지 않겠습니까?
부장님, 오늘 오후에 사무실에 계신 가요?"

"네, 대리님. 저야 사무실이나 현장에 있습니다."

"부장님, 그럼 제가 오후 2시 정도에 찾아 뵐께요"

마음 같아서는 단가 인상해 드리고 싶지만, 비즈니스

가 그렇게 간단하지가 않다. 우리 또한 고객사에 인상분을 반영하기 어렵기에 단가 인상을 방어해야만 한다. 협의가 되지 않는 최악의 상황이 오면, 우리는 현 단가 유지를 위해서 부산업체로 변경을 고려해야 한다. 알루미늄 가격이 많이 오른 것은 사실이지만, 우리도 고객사에 단가 인상을 요청할 수가 없다. 최근 우리 영업부에 따르면 신규 비즈니스를 받아온다고 한다. 신규 비즈니스를 받아오면 신규 제품은 인상된 알루미늄 가격으로 책정이 되어서 현재 생산되는 제품의 가격 인상분은 그렇게 문제가 되지 않는다.

바이어로 일하다 보면 한 업체와는 거래를 하지만 다른 업체와는 거래를 못한다고 말해야 한다. 같은 물량으로 두 업체 모두 가져가면 가격 경쟁력이 없다. 이럴 때는, 내가 사장이라고 생각하고 판단한다. 그렇게 하면 내 경험상 보통 장기적으로 좋은 결과로 이어졌다.

우리는 살아가면서 최상책 또는 차선책만을 선택하고

살아가는 것은 아니다. 때로는 우리는 최악을 피하기 위해서 두번째 최악인 차악책을 택하며 살아갈 때도 있는 것이다. 바이어 생활을 하다 보면 차악책을 선택해야 하는 경우도 많이 있는 것 같다. 최선의 방법은 기존업체가 단가 인상 요청을 철회하고, 기존 단가로 2~3년간 납품을 약속하는 것이다. 그리고 우리가 신규 비즈니스를 받아오면 대구업체에게 물량을 줄 수 있도록 검토하는 것이다.

만약 대구업체가 단가 인상 요청을 철회하지 않으면, 우리는 제품을 더 이상 대구업체로부터 받지 못하고, 우리가 고객사에 납품을 할 수 없는 최악의 상태에 놓이게 된다. 자동차 부품업계에서 고객사에 납기는 가장 중요한 것 중의 하나이다. 그런 최악의 상황이 오면 우리는 부산업체와 거래를 시작해야 한다. 이게 현실이고, 최선책, 차선책이 아닌 최악을 피하기 위한 차악책이 우리로서는 부산업체와 신규 계약을 맺고 거래를 시작하는 것이다.

오늘도 고속도록 휴게실에서 점심을 먹고, 2시경 대구 업체에 도착하였다. 어제는 부산업체 상무님이 마중 나와 계셨지만, 고객에게 단가 인상요청 공문을 보낼 정도면 비즈니스 반납까지 염두해두고 있는 것이 대구 협력업체의 입장이다. 대구업체에서는 아무도 나와 있지 않았다. 어떻게 보면 당연한 것이다. 자주 와봤던 대구 협력업체라서 출입구에 방문록을 작성하고, 직원 주차장에 주차를 하고 영업부 사무실로 향했다. 영업부 서 부장님이 복도에 있는 나를 보고 나오신다.

"안녕하세요, 대리님. 전화 주시면 제가 내려 갈려고 했는데요."

서 부장님께서 회사 입장을 고려해 마중을 나가기는 어려웠지만, 내가 오는지 안 오는지 보고 계셨다가 오신 것 같다.

"아닙니다. 부장님, 처음 인사 드리는 것도 아니고, 저

여기 자주 와서, 잘 찾아 갑니다. 지 상무님, 잘 계시는 가요? 오랜만에 인사 한번 드리려고요"

오늘의 방문 목적은 단가인상요청과 방어라서 꺼려지는 주제이다. 하지만 껄끄러운 업무가 주어 줬다고 해서 그 동안 좋은 관계를 맺고 있는 협력업체 부장님, 상무님에게 인사를 하지 않으면 안된다. 때로는 비즈니스상 거래를 끊어야 하는 경우도 더러 있다. 그렇다고 해서 그 순간, 그 주제에 대해서 일은 처리하되 사람은 사람으로 대해야 한다. 개인적으로 존경하는 대구업체 상무님께는 꼭 먼저 인사를 드리고 싶었다.

"네 ,대리님. 이쪽으로 오세요."

서 부장님이 지 상무님 방을 노크한다.

"들어오세요."

방문을 넘어서 지 상무의 목소리가 들렸다.

"안녕하십니까! 상무님! 그동안 잘 계셨습니까?"

내가 좋아하는 상무님 이라서 큰 소리로 인사 드렸다.

"장 대리님, 오랜만이야. 얼굴 좋아졌는데."

상무님도 오랜만 본 나를 반갑게 맞아주셨다.

"감사합니다. 상무님. 좋은 일로 자주 찾아 뵈야 하는데, 오늘은 그렇게 되었습니다."

단가인상 공문을 전달받고, 다른 말없이 업체를 방문한 것에 대해서 대구업체 지 상무님도 우리가 단가 인상을 수용하기 어렵다는 것을 어느 정도는 알고 계실 것이다. 그럼에도 평소처럼 반갑게 맞이해주신다.

"일이 그렇지 모, 장 대리가 우리 좀 잘 도와줘. 서 부장, 장 대리님 모시고 회의실 가서 있어. 조금 있다가 나도 갈께."

"네, 상무님. 장 대리님, 회의실로 가시죠."

나는 대구업체 서 부장님과 먼저 회의실로 이동하였다. 대구업체 상무님은 개인적으로 존경하는 분이다. 알루미늄 생산 현장에서 20년 근무하시며 끊임없이 연구하시고 개발하셨다. 그 노고를 인정받아 사무직으로 전환하시고, 영업부장을 맡아서 고객 대응까지 잘해서 지금 현재 상무님 자리까지 오르셨다. 어릴 때 가정형편이 어려워 대학을 가지 못하셨지만, 상무님 책상에는 많은 전문 서적들로 가득하시다. 내가 공과대학 지식이 없어서 찾아보았던 책들도 몇 권 있었다. 그리고 30년전 평사원일 때부터, 상무의 자리에 올라서도 매일 새벽 6시에 출근하고 계신다고 한다.

영업부 서 부장님이 원가 계산표를 보여주며, 준비해두신 자료를 설명하신다. 다년간 알루미늄 가격의 상승과 인건비 상승으로 인해서 현재 마진이 없다는 내용을 설명하고 있다. 따라서 단가 인상 없이는 비즈니스를 반납할 수밖에 없다고 한다.

일단 한 템포 쉬어 가야겠다.

일상 대화에서는 다른 사람의 말에 귀를 기울이는 경청이라는 이 단어가 제일 중요하지만, 비즈니스 협상에 있어서는 경청 보다는 대화의 주도권을 쥐어야 한다. 이를 위해서는 상대방 말을 끊기라도 해야 하는 상황이라면, 실례일지라도 그렇게 해야 한다. 서로 목적이 뚜렷하게 상반된 상황의 협상일수록, 듣기만 해서는 상대방에게 주도권을 다 주어서, 상대방이 원하는 방향대로 협상이 될 수밖에 없어지는 상황이 오게 된다. 그렇게 되면 우리 회사의 입장은 전달도 하지 못하고 손해를 가져오는 협상이 될 가능성이 매우 높아진다. 그래서 협상을 잘 하기 위해서는 내가 많이 이야기하고 대화의 주도권을 쥐고 있어야 된다는 것이 하나의 협상전략이다.

"서 부장님, 말씀 중에 죄송한데, 갑자기 생각나서요. 저번에 저 소개 시켜 주신, 맛이 끝내주는 곰탕집, 거기가 어디였죠?"

우선 주제와 관련 없는 가벼운 이야기로 대화를 잠깐 멈추었다.

"아, 장 대리님. 서기 현풍팔매곰탕 집이죠. 곰탕은 우리 대구에 있는 곰탕이 최고지! 어때요? 대리님, 오늘 저녁에 소주 한 잔 할까요?"

서 부장님도 회사사정을 대변해서 단가인상이 합당함을 지속적으로 주장하고 계시지만, 대화속에서 보면 서 부장님의 마지노선은 단가인상 철회까지 감안하고 있으시다는 감이 온다. 바이어는 업무 외적인 주제를 던지면서 대화 분위기를 보면서, 상대방의 마지노선을 잘 파악하는 것도 중요하다.

그 마지노선을 잘 파악할 수 있으면, 보다 유리한 협상을 이끌어 낼 수 있다. 대화 분위기상에서 느끼기에 당장 거래를 중단하는 것까지 생각해두신 것은 아닌 것 같았다.

"서 부장님, 곰탕에 소주 좋죠. 오늘은 저녁 식사 같이 합시다. 차를 가져와서 술은 다음에 하고요."

저녁식사에 대한 이야기를 나누고 있을 때, 대구업체지 상무님께서 들어오셨다.

"장 대리, 공탐 이야기하고 있었어? 먹고 가야지!"

지 상무님께서 아마도 대화를 조금 들으시고 들어오신 것 같다.

"네, 상무님. 그 맛은 잊을 수가 없습니다."

이제 단가인상요청이 철회가 가능할 것이라는 판단아래 내가 협상을 주도할 차례이다.

"상무님, 부장님. 우선 알루미늄 단가가 많이 오른 것은 사실입니다. 10년 넘게 저희와 거래하면서 불량 한번 없었고, 납기 한번 어긴 적 없었습니다."

"이 부분에 대해서 정말 감사하게 생각 하고 있습니다."

대립된 입장에서 협상을 할 때에는 짧게 라도 상대방의 장점에 대해서 언급해 주는 것이 보다 부드러운 협상으로 이어지게 할 수 있다. 흔히 말하는 것처럼 칭찬이 문제가 되어서 서로 적이 되지 않는 것이다. 서로 간의 지적과 평가가 문제가 되어 서로를 욕하거나 적이 된다. 이어서 상무님과 부장님께 말씀드린다.

"제가 지금 제품에 대한 원가분석을 해보았습니다. 최근 인상된 인건비와 제조공정비 그리고 알루미늄 원가를 가지고 원가 분석을 했을 때."

말과 동시에 상무님과 서 부장님 자리에 내가 정리한 원가 분석표를 책상에 놓는다. 데이터와 눈에 보이는 자료는 상대방에게 더 객관적으로 다가가며 설득하는데 많은 도움이 된다.

"현재 공급단가로 했을때, 마진, 영업이익이 약 5% 나오고 있습니다. 제조업에서 5% 마진이면, 비즈니스를 반납할 정도는 아니라고 생각됩니다."

먼저, 단가인상이 어렵다는 뜻을 상대방에게 명료하게 전달한다.

그러자 지 상무님도 바로 말씀을 하신다.

"장 대리, 실제로 생산해보면 Loss가 많아, 수율도 그정도로 안나와. Scrap하고 버려지는 재료비까지 생각하면 마진은 -2%야. 손해라는 말이야."

"인건비도 요즘 다들 제조업 현장 기피해서 기본급보다 더 줘야해. 우리가 그냥 하는 소리 아닌 거 알잖아."

상무님도 많이 답답해 하시는 말투이다. 그리고 일리는 있는 말씀이다. 그렇다고 현재 손해를 보는 정도까지는 아니다. 대구업체의 고객사 중 우리가 전체 매출의 30%를 차지하고 있다. 30% 매출 비중을 가지고 있는 고객사를 쉽게 거래를 끊지는 못 할 것이다. 협상을 할 때는 여러 방면으로 입장과 정보를 사전에 준비해서 알고 있는 상태에서 협상을 진행하여야 한다.

"상무님, 제가 현재 비슷한 제품 생산하는 회사에 견적을 받아 봤습니다. 보시는 것처럼 평균 공급단가는, 현재 대구 협력업체에서 공급하는 단가와 동일 합니다."

"그리고 저희 경쟁사인 D사에 유사한 제품을 납품하고 있는 부산업체의 경우, 현 공급단가 보다 더 낮게 견적을 보내왔습니다. 저희 영업부에서 새로운 비즈니스 수주를 받기위해서 최종 협상 중입니다. 큰 무리가 없으면, 내년에 저희가 수주 가능할 것으로 생각됩니다."

"저희가 수주하게 되면 알루미늄 부품에 대해서는, 적극적으로 상무님과 검토하겠습니다."

"오늘 뵙기 전에 저희 고객사도 한 번 더 확인했지만, 저희도 알루미늄 단가 인상 적용은 어려웠습니다."

"저희도 제품 가격 경쟁력을 갖추기 위해서, 그렇게 해야 내년에 저희가 신규로 수주를 받고, 인상된 알루미늄 단가가 반영된 비지니스를 추가로 상무님, 부장님과 할 수 있습니다. 현 공급단가를 유지하는 수밖에 없는 저희 입장도 고려 부탁드립니다."

"상무님, 서 부장님, 죄송하지만, 여러 입장을 고려하셔서, 재검토 부탁드립니다."

사실 중심으로 최대한 정중하게 말씀드리고 부탁드렸다. 그러자 상무님도 고심을 하시고 어렵게 입을 여셨다.

"참 어렵네, 장 대리, 이거 쉬운 제품 아닌 거 알잖아."

"상무님, 앞으로 저희와 10년 더 거래 하셔야죠."

"약속 드리겠습니다. 신규 비즈니스 받아오면, 그때는 현재 인상된 알루미늄 단가 반영 하도록 하겠습니다."

때로는 이렇게 상대방 감정에 호소하고 부탁하는 자세도 협상에서 필요하다. 그리고 개인적으로 존경하는 분이기에 앞으로도 뵙고 배울 수 있는 기회가 많았으면 하는 생각도 있었기에, 진정으로 부탁드리고자 하는 내 마음이 잘 전달 되었을 것이다. 몇번을 고심을 하시던 상무님께서 말씀하셨다.

"장 대리, 우리 같은 중소기업은, 참 어려워, 그래, 장 대리. 우리한테는 A사가 제일 큰 고객인데, 어떻게 하겠어? 신규 비즈니스 수주 받으면 바로 찾아와"

답답한 말투로 말씀 하셨던 상무님은 수주 받아서 다시 찾아오라고 기분 좋게 말씀 해 주셨다.

"네 상무님, 꼭 그렇게 하겠습니다. 제가 사무실 돌아가서 저희 사장님께 보고 잘 드리겠습니다. 회의록 하나 작성 부탁드립니다."

상무님께 재차 감사하다고 말씀을 드리고 회의록을 작성하였다.

회의록

앞으로 2년간 단가인상 요청을 하지 않을 것이며, A사는 신규 비즈니스 수주 시 알루미늄 부품은 대구업체를 최우선 고려한다.

다만, 알루미늄 가격이 지금보다 10%이상 인상될 시에는, A사에서 납품단가를 재협상을 한다.

지금 알루미늄 가격이 2년안에 또 10%이상 더 오르게 되면, 내가 계산한 원가분석에서도 대구업체는 손해가 될 수밖에 없다. 그때에는 우리 영업부를 통해서 우리도 고객사에 알루미늄 단가 인상분을 반영하고 우리 협력업체에도 알루미늄 단가 반영을 해주어 단가 인상을 해야 할 것이다.

"상무님, 이렇게 협의하신 것으로 하시고, 회의록 서명 하시죠?"

작성한 회의록을 대구업체 지 상무님께 보여드리고 서명을 부탁 드렸다.

"그래. 장 대리, 서명했어, 자, 가져가."

귀찮은? 듯 웃으시며, 서명한 회의록을 주셨다.

"창원에 가서, 사장님께 잘 보고 드리고, 저녁이나 같이하러 가자."

상무님께서 오랜만에 곰탕을 먹으로 가자고 하신다.

"네, 상무님. 현풍할매곰탕 가시죠?"

다행이도 잘 해결되었다. 곰탕이 나왔을 때, 미리 내가 가서 우리회사 법인카드로 계산했다. 나중에 상무님께서 왜 멀리까지 와서, 계산했냐고 말씀하셨다. 그리고 다음 번에는 곰탕으로는 안 된다고 기분 나쁘지 않은 말투로 상무님께서 나에게 말씀하셨다. 그렇게 오랜만에

간 현풍할매곰탕에서 인사를 드리고 나왔다.

단가 인상을 했다면 연간 5억 원 정도 비용이 발생했을 것이다. 그리고 부산업체로 변경했을 때, 만약에 부산업체가 납기를 못 맞추거나 단가가 낮다고 뒤늦게 비즈니스를 반납해버리면 우리는 매우 곤란 해진다. 단가 인상 방어를 하는 것이 최선의 결과였다. 시간이 벌써 7시가 되었다. 집에 도착하면 9시 넘을 것 같다. 먼저 구매부 부장님께 전화 드렸다.

"안녕하세요, 부장님, 장민준입니다."

"어~ 그래. 장 대리, 어떻게 됐어?"

많이 궁금하시는 목소리로 다급하게 물어보셨다.

"네, 부장님, 잘 해결 되었습니다. 앞으로 2년간 10% 이상 알루미늄 가격이 오르지 않는다면, 현단가 유지키로 했습니다. 잘 협의되었고, 대구업체 지 상무님 서명 받아서 회의록 작성했습니다."

여러모로 나도 기분이 좋아 기쁘게 말씀드렸다.

"그래, 장 대리. 수고 많았어. 얼른 퇴근하고 내일 사무실에서 봐."

부장님도 안도하시는 목소리로 수고 많았다고 했다.

"네, 부장님."

휴~~~~ 잘 해결되었다. 이제 서둘러 집에 가야 겠다.

아 참, 그러고 보니, 다음 주 수요일날 해운대 아파트 본계약 하기로 했었다. 다행이 오늘 일이 잘 처리되어서, 내일 사무실에 연차 올릴 때 덜 눈치가 보일 것 같다.

두번째 부동산 계약

"내가 망설이면 다른 사람이 가져간다."

어느덧 일주일 마지막 금요일이 되었다. 회사일은 대부분 다이나믹 해서 어떻게 한 주가 지나가는 줄 모르지만, 이번 주는 정신없이 바빠서 그런지 더 그랬던 것 같다. 일할 때는 정신없이 지나가고 지나고 보면 회사일이라는 것이 반복되는 일상 같기도 하다.

요즘 현실 직장인이라는 '소울리스'라는 말이 참 와 닿는다. 현실 직장인들이 겉보기에는 영혼없이 회사일을 하고 있는 것처럼 보이지만, 그 내면에는 자기 자신은 영혼 없어 보일 지 몰라도 나도 모르게 최선을 다해서 일처리를 하고 있는 것이다. 그래도 이번 주는 개인적인 일과 회사일 모두 좋은 결과가 나와서 마음 편한 금요일을 맞이한다.

우리 회사는 연차를 쓰지 않으면, 미 사용 연차분에 대해서는 유급으로 지급된다. 보통 임원분들도 1년에 2~3차례 건강상의 이유나 특별한 일이 없으면 연차를 쓰지 않는 분위기다. 다른 부분은 지금 회사가 좋은데, 연차 쓸 때 눈치 보이는 점은 아쉽다.

회사에서는 연차사용을 권하지만 회사 문화는 눈치가 보인다. 참 아이러니 하다. 한편으로는 그래도 쓰지 않은 연차를 돈으로 지급해주니 다행이다. 친구들 중에는 회사에서 연차는 꼭 다 사용하라고 하면서, 그러기가 너무 눈치 보인다고 한다. 그래서 대부분 미뤄 두었던 연차를 12월에 다 상신하고 출근해서 일 한다고 한다.

여기는 직장이고 나는 직원이다. 다 내 마음대로 안되는 부분이 있는 게 당연하다. 좋은 부분이 있으면 안 좋은 부분도 당연히 있기 마련이다. 눈치가 보이지만 다음 주 수요일은 나와 내 가족에게 중요한 날이다. 때마침 가격 인상 방어도 성공했으니, 분위기 좋을 때, 개인적인 연차에 대해서 말씀드리면 될 것 같다.

오전 내내 출장 보고서를 작성하였다. 부산업체는 향후에도 우리의 대안이 될 수 있는 업체이고, 우리 협력 업체인 대구업체는 가격 인상 방어하였다는 내용을 보고서에 적고, 받아온 회의록을 첨부하였다. 그리고 다음 주 수요일 연차를 쓰겠다는 연차신청서도 같이 작성하였다.

결재 서류판에 넣어서 부장님께 간다. 아마도 부장님은 연차에 대해서 눈치를 줄 것이다. 부장님이 대리급일 때 연차의 눈치를 받은 것처럼, 그 것이 당연한 문화라 생각하고 그때 받은 눈치를 지금 나에게 줄 것이다.

나도 부장 자리에 올라가면, 나도 모르게 부서원들에게 눈치를 줄 수 있다. 내가 불편하다고 생각된 부분은 나중에 꼭 기억했다가 바꿀 것이다. 그것이 현명하고 좋은 직장선배가 되는 것이라고 생각한다. 보통 연차신청서는 부장님 전결이고, 출장 보고서는 부장님과 상무님까지 결재를 받는다.

"부장님, 출장 보고서 가져왔습니다."

출장 보고서 뒷장에 연차신청서가 있지만, 나도 모르게 출장 보고서만 말씀드렸다. 부장님 눈치도 신경 쓰이지만, 연차신청서라는 소리를 다른 동료들이 듣는 것도 신경 쓰여서 그랬다.

"그래 보자, 잘했어, 장 대리."

"내용 간단하게 정리해서, 차주 구매부 새벽회의때 사장님께 보고 드려."

부장님께서 출장보고서에 서명을 하시고 건네 주신다. 바로 뒷장에 연차 신청서가 있었는데, 못 보신 것인지, 보시고도 못 보신 척하시는 건지 모르겠다. 아니다. 내가 출장 보고서만 말씀드려서 그런 것 같다. 연차신청서도 말씀드린다.

"부장님, 그리고 한가지 더 말씀드릴 부분이 있습니다."

"제가 아파트 계약 건이 있어서 차주 수요일에 연차를 쓰고자 합니다. 최대한 주말에 하려고 했는데, 거래하시는 분이 주말에 도저히 안되었습니다. 죄송하지만, 화요일 새벽회의 잘 보고 드리고, 수요일에도 업무 공백 없도록 하겠습니다."

아이가 아프거나 다른 이유를 말하기 쉽게 거짓말로 말씀드릴 수 있지만, 개인적으로 그렇게 하고 싶진 않다. 사실대로 말씀드리고 부장님이 나와 생각이 다르다면 그냥 한 소리 듣는 편이 거짓말하는 것 보다 개인적으로 편하다. 부장님께서 미간에 약간 인상을 쓰시면서, 머뭇거리며 천천히 말씀하신다.

"그래···. 출장 건도 잘 정리되었고, 잘 갔다 와."

부장님께서 연차신청서에도 승인해 주셨다. 마음에 들지 않는 다는 모습을 내색 안하시지만 느껴진다. 부장님도 내가 생각했던 좋은 선배가 되고자, 예전에 사원일 때 받았던 눈치를 최대한 나에게 안 주려고 노력하시는 것 같기도 하다. 한편으로는 큰 눈치 주시지 않고, 연차를 승인해주시는 것도 나에 대한 배려일 수 있겠다는 고마움과 올해 처음 쓰는 연차이고, 업무 성과도 좋은데라는 아쉬움이 교차한다.

그래도 괜찮다. 나도 대리가 되고 직장생활도 이제 5년이 지나다 보니, 회사라는 곳이 서로 눈치를 주고 눈치를 받는 곳이다. 부장님도 알게 모르게 내 눈치를 볼 것이다. 물론 부장님 보시는 눈치보다는 내가 보는 눈치가 훨씬 크긴 할 것이다.

김 상무님께서도 "수고했어."라는 말씀과 함께 출장 보고서에 승인하셨다. 드디어 오늘은 내 생에 두 번째 아파트를 계약하러 가는 날이다. 너무나 기쁜 나머지 어제 잠을 조금 설쳤다. 부동산 계약때는 보통 30분전이나 한시간 전에 도착하도록 한다. 나에게 큰돈이 오가는 중요한 계약이고, 늦게 가서 정신없이 계약조건을 보고 말하는 일이 없게 하기 위해서이다. 아침 7시에 나와서 네비를 찍으니 2시간 소요된다고 나온다. 휴게소에 들러 커피 한 잔을 하고 9시 10분경에 대박 부동산에 도착하였다.

"안녕하세요, 소장님."

역시나 늘 기분 좋게 소장님이 반겨 주신다.

"어, 그래, 잘왔어. 그때 우리가 잡길 잘했어."

내가 가계약금을 보내고 나서 매도인과 부동산 소장님사이에 일이 있었던 것 같다. 좋은 가격, 싸게 살수록 그 과정은 쉽지 않은 것이 현실이다. 하지만, 돈을 벌려면 그 정도 과정은 감당해야 한다. 회사에서 바이어로서 우리가 협력업체와 거래할 때나 부동산을 사고 파는 거래를 할 때나 힘든 과정없이, 기분 좋게, 쉽게 되면서, 이익이 되는 거래는 없는 것이 우리의 현실이다.

"애기아빠 계약하고 나서 아주 난리 났어."

"다른 부동산에서 매도인 보고 싸게 팔았다고, 500만 원 더 받아 준다고 하고, 우리 한테 매도인이 전화 와서, 왜 500만 원이나 빼주냐고, 아주 난리도 아니였어."

"우리 때문에 천만 원 손해봤다 하고, 참… 우리도 부동산 중개일도 쉬운게 아니야. 아무튼 잘 샀어, 애기아빠."

내가 연차를 하루 올리기 위해서 이런저런 걱정과 생각이 있었던 것처럼 소장님도 내가 가고 나서 중간에서 곤란하셨나 보다.

세상에서 손해를 보고 싶은 사람은 없을 것이다. 가계약금을 천만 원 보내지 않으면, 배액배상하고 매도인이 계약 취소를 했을 가능성이 크다.

"감사합니다. 소장님, 정신 없었겠어요. 소장님, 저희 계약서 먼저 볼 수 있을까요?"

나는 부동산 계약을 하러 가면 항상 일찍 가서 상대방이 오기전에 같이 보게 될 계약서를 먼저 본다. 상대방이 오기전에 혼자 차분하게 계약 조건들을 보고 내가 추가하고 싶은 조건이 있으면 상대방이 오기전에 하는 게 좋다.

바이어를 하면서 여러 계약을 하다 보니, 모두가 계약에서 자기가 이득을 보려 한다. 기본 계약서에 상대방 앞에서 다른 조건을 추가하면, 상대방도 그에 상응하는 조건이나 금액을 요구한다. 부동산 계약도 임대 줄 때, 월세 연체 시 법정이자내의 일정 이율을 부가한다고 명시해 두고, 중개인분이 세입자에게 "원래 이렇게 하는 겁니다. 연체 안 하실 거잖아요? 그죠?" 이러면 그냥 그런가 보다 하고 넘어 간다.

그런데 그러한 조건을 갑자기 추가한다고 하면 세입자는 불이익을 본다고 생각할 것이다. 그래서 나는 되도록이면 일찍 가서 계약조건을 상대방이 오기전에 미리 보고, 추가 가능한 지 부동산 소장님과 의논을 한다. 나 역시도 상대방인 매도인이 같이 있는 자리에서 이런저런 조건을 애기하면 내가 이 조건에 손해 보지 않을까? 라는 생각을 먼저 하게 될 것 같다.

주식과 다르게 아파트는 한번 사면 바로 다시 팔기가 어려워서, 오늘 본 계약에 오기전에 다시 한번 이 아파트에 대해 더 조사해보고 생각해 봤다. 이 가격에는 무조건 이 아파트를 잡아야 한다. 그래서 소장님께, 중도금 일부를 넣게 해 달라고 했다. 중도금이 1원이라도 들어가고 안 들어가고는 차이가 있다. 중도금이 없이 바로 잔금으로 넘어가게 되면, 잔금 날 대출 실행이 안된다 든지 일이 생겼을 때, 매도인은 계약금을 위약금으로 하고 계약 취소를 하기 쉽다. 하지만 계약금과 중도금이 납부된 이후에, 잔금 날 대출 실행이 안된다 든지 갑자기 잔금날에 잔금을 못 맞추더라도 바로 매도인이 계약

취소를 쉽게 할 수 없다. 그렇기 때문에 내가 매수자일 때는 꼭 중도금을 넣을 려고 한다.

"소장님, 저희 계약금 10%, 중도금 20%, 나머지 잔금 70% 정도로 했으면 합니다."

만약에 중도금 이야기를 매도인 앞에서 하면, 중도금을 아는 매도인이라면 중도금을 넣지 말라고 하거나, 50%정도는 되야 한다고 할 것이다. 내가 한시간 먼저 찾아온 이유도, 내가 가진 시드머니가 적어서 대부분의 금액은 대출금으로 대금 지급이 되어야 해서, 중도금을 하고 싶지만 50%까지는 할 수 없다. 서로 마주보고 실랑이를 하다 보면 감정에 치우쳐 계약취소로 이어질 수도 있다. 더군다나 매도인은 다른 부동산으로부터 돈을 더 줄 수 있는 매수인이 있다는 전화도 받아서 계약취소가 되도 좋다고 생각하고 있기에 취소하자고 할 것이다.

계약이라는 것이, 끝까지 신경을 쓰고 있어야 한다. 매도인은 이번 계약이 취소되면, 다른 사람에게 웃돈을 받고 팔 수 있겠지만, 나는 이런 급매를 찾으려면 또 시간이 필요하다. 진짜 급매는 내가 망설이면 다른 사람이 바로 가져간다. 웃돈을 준다고 한 매수대기자도 집을 안 보여줘서 망설이다 다른 부동산에서 매수자가 가계약금을 보냈다고 하니, 그제서야 웃돈을 주고서라도 급매를 잡고 싶은 것이다.

"그래, 중도금 넣어. 지금 이 집 잘 산 거야."

"초품아니깐 전세도 대기하고 있어. 내가 바로 맞춰줄께."

여기 아파트 임장을 와서 좋았던 점이 흔히 말하는 초품아, 초등학교가 바로 옆에 있다는 점이였다. 그렇게 되면, 매매, 전세 모두 수요가 많다.

"네, 감사합니다. 소장님."

어느 새 10시 10분이다. 소장님이 몇 번 매도인에게 전화를 드렸는데, 연락이 되지 않는다. 나도 당황스럽다. 천만 원 들고 날랐나? 라는 생각까지도 든다. 그렇게

30분이 지나자 소장님께 전화가 왔다. 매도인이다. 다급한 말투로 소장님이 매도인에게 말한다.

"아이고, 왜 이렇게 통화가 안돼? 매수인이 창원에서 와서 지금까지 계속 기다리고 있어. 무슨 일이야?"

당황스럽기는 매도인도 마찬가지인 것 같다. 매도인 말투도 다급하다.

"소장님, 어제 밤에 배가 못 들어갔어요. 바다인데 이제 전화가 터지네요. 이번 주, 금요일에 부산에 배 들어가요. 안 하실꺼면, 계약금 바로 돌려 드릴께요."

역시나 매도인 머리속에는 500만 원을 더 못 받는다는 것이 이번 계약이 마음에 들지 않는다. 가계약금을 300만 원 보냈다면 바로 배액배상해서 총 600만 원을 나에게 보내주고 일방적으로 계약 취소를 했을 것이다. 매도인이 다른 부동산 소장님들이 다른 매수인에게 천만 원 더 받아 준다는 제안을 많이 받았다고 한다. 그래서 인지 매도인은 계약취소가 더 머리속에 있어서, 시간 약속을 어긴 것에 대한 미안함은 전혀 없다.

"아이고 참, 무슨 말을 그렇게 하세요. 있어보세요."

부동산 소장님도 또 매도인이 계약을 안하고 싶다는 말을 하니 목소리와 다르게 많이 언짢은 표정이시다. 당연히 매도인은 다른 부동산에서 500만 원 더 준다는 전화를 몇차례 받았던 매도인은 거래를 하고 싶지 않은 눈치였다. 나도 그래서 천만 원을 가계약금으로 보낸 것이다. 일주일안에 천만 원이 뛸 정도의 시장분위기는 아니 였지만 급매이다 보니 혹시나 싶어서 천만 원을 보냈었다. 천만 원을 나에게 위약금으로 배상하고 싶지는 않고, 돈을 더 받고 싶어 하는게 매도인의 입장이다. 나도 시세보다 2~3천만 원이나 싼 거래였고, 부동산 소장님께서 그 금액에 추가로 500만 원까지 내려 줬으니, 망설이지 않고 가계약금을 천만 원 보낸 것이다. 나는 오늘 공쳐서 기분이 나쁘시만, 괜찮다. 몇일 더 고생하고, 2~3천만 원 싸게 사면 잘 된 것이라고 생각했다. 한번 숨을 고르시고, 차분하게 소장님이 나에게 말씀 하신다.

"애기아빠, 배가 안 들어왔 다네. 금요일날 배 들어온 다는데, 어떻게 할까? 애기아빠."

오늘 연차를 쓰고, 또 금요일날 연차를 올리기에는 회사 눈치가 더 심할 것 같다는 생각이 바로 든다.

"소장님, 제가 이번 주에 회사를 두 번 쉬기는 어렵고요. 토요일은 오전 오후, 시간 다 됩니다."

한결 나은 말투로 소장님이 매도인에게 다시 말한다.

"사장님, 그러면 토요일날 오전 11시에 본 계약서 씁시다."

"소장님, 그런데, 토요일날 오후에 일 있는데, 조금 더 일찍 써요. 오전 9시반에 써요."

나는 부동산 소장님께 고개를 끄덕이며, 된다고 신호를 보냈다. 전화를 끊자 마자 소장님께서 한번 크게 호흡을 하시고, 말씀하신다.

"애기아빠, 이 중개일이 하나 쉬운 계약이 없다. 토요일날 아침에 계약서 쓰고 나면, 바로 내가 전세 맞춰 줄게. 전세 들어올 사람은 대기하고 있으니까, 기분 나빠하지 말고, 토요일날 한번 더와."

그래도 큰 계약에 있어서, 내 편에서 생각해주시는 분이 있어서 다행이다. 신경 써 주셔서 감사하다는 인사를 드리고 나왔다. 다음 번에 급하게 연차가 필요할 수도 있으니, 오늘은 바로 회사 사무실에 복귀 하였다. 고속도로 휴게실을 들렸다가 점심시간에 맞춰서 들어갔다. 부장님께서 약간 의아한 눈빛으로, 나를 보며 말씀 하신다.

"어? 장 대리, 계약 잘 됐어? 오늘 연차 아니였어?"

"네, 부장님. 부동산에 갔었는데요. 계약하실 분이 급하게 일이 생겨서 못하고 왔습니다. 올 해 원가절감안 고민도 할 겸 회사로 바로 왔습니다."

만나절 편하게 쉴 수도 있지만, 오늘이 아니면 내일 해야 할 내업무이다. 그리고 내가 스스로 사무실로 복귀한

게 잘했다고 생각해서 인지 모르겠지만, 부장님이 표정이 좋아 보이신다.

"그래도 장 대리, 연차인데 쉬지 그랬어? 그래, 다음에 일 있을 때, 또 말해."

"네, 부장님, 감사합니다."

오늘 하루 쉬면 좋겠지만, 다음 번에 임대나 매매 계약할 때 눈치를 덜 보게, 회사에 출근하기 잘한 거 같다. 토요일날 대박 부동산에 갔을 때, 매도인을 만날 수 있었다. 매도인은 나와 비슷한 연령대였다. 곧 결혼할 예비신부와 함께 왔다. 나는 장모님께 아이들을 부탁을 드리고 공동명의로 계약할 거라 와이프와 함께 왔다. 계약 날에 소장님과 매도인에게 집을 볼 수 있는 지 물어봤지만, 세입자가 집을 보여주지 않는 건 마찬가지였다.

그동안 주식 투자하며 모은 돈 5천만 원과 아파트 담보 대출을 실행하였고, 와이프와 나 각자 마이너스 통장을 만들어서 잔금을 맞추었다. 본계약을 하고 나서 20일정도 지나고 나서, 아파트 잔금 날 내가 산 아파트에 가보니 세입자는 아침 일찍 나갔고, 매도인이 집을 보여주었다. 집을 들어가서 보니, 주방, 거실, 안방 너무 더러웠다. 찌든 때가 여기저기 있었다. 사실 너무 더럽긴 했다. 이런 부분은 청소업체를 불러서 입주청소를 할 거라서 약품을 쓰고, 청소를 하면 해결되는 부분이다. 보일러라든지 벽, 타일 등은 양호했고, 이제 3년차 되는 신축아파트라서 그런지 도배는 따로 안 해도 될 것 같았다. 이 정도면 입주청소 30~40만 원 정도 비용만 생각하고, 바로 전세를 놓으면 되는 수준이다.

매도인은 이 아파트를 분양할 때, 미분양분 선착순으로 무순위 분양을 할 때, 새벽부터 모델하우스 앞에 반나절 줄을 서서 아파트를 분양 받았다고 한다. 분양 받고, 매도인이 1년정도 직접 거주를 하다가 이 아파트를 월세로 돌리고, 다른 아파트를 추가로 사서 거주하고 있다고 한다. 다음 달까지 이 아파트를 팔지 않으면, 일시

적 2주택 비과세 혜택을 받지 못해서 급하게 집을 내 놓았다고 한다. 그런데 세입자가 야간에 주로 일을 하고 낮에 집에서 잠을 자서, 낮시간에는 휴대전화도 꺼놓고 아예 집을 보여주지 않았다고 한다. 그래서 로얄층, 판상형 임에도 집이 나가지 않아서, 시세 보다 더 내려서 팔았다고 한다.

이렇게 시세보다 싸게 나온 집은 다 사정이 있다. 급매를 운 좋게, 그 집을 잡을 수도 있겠지만, 세상에는 아무 것도 하지 않은 자에게 운으로 행운을 가져다 주지 않는다. 관심을 가지고 열심히 발품을 팔고 찾아다닌 자에게 그 노력에 운이 더해져서 좋은 결과가 나오는 것이다.

세상에 공짜 점심이 없다. 라는 말을 잊지 말자고, 다시한번 더 다짐하고, 부산 해운대 아파트 잔금을 치르고, 창원으로 돌아왔다. 그리고 일주일이 지나서, 부동산 소장님께서 세입자를 구해 주셨고, 그 전세금으로 담보 대출금과 마이너스 대출까지 갚고 나니 시드머니 2,000만 원이 또 생겼다. 시세 대비 2~3,000만 원 싸게 샀고, 요즘 오르는 추세라 전세금도 매매가의 90% 받았다. 3,000만 원으로 부산 해운대 신축 아파트를 샀다.

누군가에게는 고작 3천만 원으로 무슨 해운대 신축 아파트를 살 수 있겠냐며, 아예 시도조차 하지 않을 것이다. 실제 아파트 가격은 3천만 원의 10배, 20배 정도나 되는 금액이였다. 내가 가진 돈의 10배가 넘는 아파트를 어떻게 빚을 내서 살 수 있겠냐고 생각하는 것이 오히려 더 맞는 말일 것이다. 또 다른 사람은 어떻게 아파트를 70%, 80% 대출을 받아서 살 생각을 해? 라고 할 수도 있다. 나는 우리 MZ세대는 돈을 저축해서, 돈을 모아서 집을 장만하던 부모님 세대와는 다른 시대에 살고 있다고 생각한다. 물론 내가 태어나보니 부잣집 아들이라, 경제적으로 풍요롭다면 애기는 다르다. 하지만, 금수저로 태어나는 사람보다 그렇지 않은 사람들이 더 많다. 그렇다고 금수저로 태어나지 못한 사람들이 모두 투자를 못하고 사는 것은 아니다.

결국은 내가 가진 돈의 10배, 20배 넘는 아파트를 살 수 있었다. 그리고 초등학교를 품은 초품아에 건설한 지 3년밖에 되지 않은 신축 아파트라서, 초등학생 자녀를 둔 세입자에게 전세금으로 매매가의 90%를 받아서 앞으로 최소 2년동안은 금리가 오르더라도 매달 이자를 걱정할 일은 없다. 만약에 2년뒤에 아파트 매매, 전세 가격이 더 오르면, 나는 더 많은 시드머니를 손에 쥘 수 있을 것이다. 그렇게 생긴 시드머니 2,000만 원은 그동안 모니터링 하고 있었던 중소 건설회사에 투자하였다. 주식 투자를 하면서, 조금씩 모아서 또 아파트를 하나 더 살 생각이다. 나의 가족은 지금 유치원을 다니는 아이 둘과 함께 맞벌이로 일하는 와이프가 있다. 애들이 어릴 때, 보다 공격적으로 투자하고, 필요하다면 이사도 자주 갈 것이다. 이렇게 하는 것이 우리 가족의 보다 나은 내일이 될 것이다.

원가절감

"올해 구매부 타겟은
연간 3% CR이야."

바이어들은 매년 12월이 가장 바쁘다. 내년 구매단가를 확정해야 하는 시기이다. 올해 말에 내년 구매단가를 확정하면, 특별한 문제가 없으면 그 단가로 업체와 1년 동안 거래하게 된다. 구매부를 총괄하시는 김 상무님께서 구매부 직원 모두를 회의실로 부르셨다.

"자자. 다들 수고 많지? 우리 구매부 타겟은 연간 3% CR(Cost Reduction) 이야. 매년 물가가 올라서 힘들다는 거 알지만, 또 매년 우리가 타겟 달성해 왔잖아."

상무님의 매년 12월에 하시는 말씀은 토시하나 틀리지 않고 똑같다. 올해는 원자재 인상도 많아서, 많이 어려울 텐데, 조금 답답하다.

"이 부장, 매년 잘 하고 있듯이, 올해도 문제없지?"

"네 상무님, 올해도 업체별로 전략 짜서, 3% 맞추겠습니다."

"그래, 이 부장, 내년단가도 3% 이상 CR 하는 거야."

"네, 상무님, 이번 달 안으로 그렇게 하겠습니다."

부장님께서 자신 있는 목소리로 상무님께 대답 드렸다. 직장별, 부서별, 1년중 특히 바쁘거나 일이 복잡한 달이 있을 것이다. 그 달이 우리 구매부는 매년 12월이다. 전략은 김 주임, 최 과장님과 내가 직접 짜내야 한다. 가끔은 부장님, 상무님은 바쁘실까? 라는 생각이 들기도 한다.

"그래, 다들 수고하고, 연말에 회식 한 번 거하게 하자고."

상무님께서 말씀하시고 회의실에서 나가셨다. 12월 초에 경리부 이사님께서 주관하여 영업총괄 차 이사님, 구매총괄 김 상무님, 사장님께서 참석하셔서 내년 영업이익 목표에 대해서 회의를 하신다. 우리가 고객에게 받을 수 있는 판매단가에 우리 회사 목표 영업이익을 달성하기 위한 구매원가가 산정이 된다.

내년 영업부의 판매단가 KPI와 구매부의 구매원가 KPI가 정해졌다. 우리가 구매하는 제품 중 내년에 처음으로 공급받을 신규제품을 제외하고 현재 구매중인 제품 중 구매한지 3년이 지나지 않은 제품은 3% CR(Cost Reduction)을 해야 한다. 보통 3년간 구매원가를 절감하기 때문에 3년이 지난 제품들은 제외시킨다.

흔히 하는 말로 월급 빼고는 다 오르는데, 더군다나 올해는 물가도 많이 올라서, 업체들 마다 다들 재료비가 올랐다. 현재 단가로 공급하는 것도 쉽지 않을 텐데,

우리가 가서 내년에는 지금 단가보다 3% 더 낮은 단가에 거래하자고 협의해야 한다. 업체에 매년 마다 3% 원가절감을 하는 업무는 쉽지 않다. 어떻게 보면 단가인상 요청을 안 한 업체에게 고맙다는 생각이 드는데, 올해도 어김없이 단가인하 요청을 하러 가야한다.

"최 과장, 장 대리, 김 주임, 각자 담당하는 업체 중 대상 아이템 확인해서 출장 계획 올려. 무슨 일이 있어도 현재 구매원가에서 3% 인하하도록해."

상무님께서 12월에 하는 레파토리와 이 부장님께서 하는 레파토리는 매년 똑같다. 그렇게 이 부장님께서 당부하시고 나가셨다. 왠지 12월의 숙제에 있어서 상무님과 이 부장님은 매년 반복되는 레파트로로 벌써 12월의 숙제를 다 하신거? 같다는 생각이 들기도 하지만, 그런 생각에 휩싸여 봐야 결국 나만 힘들어지고 남 탓만 늘어간다는 것을 어느덧 알게 되었다.

우리는 각자 담당하는 업체별로 출장 계획을 짜서 보

고 하였다. 나는 경기도 시화공단에 있는 고무 업체, 필터업체 그리고 대구에 있는 알루미늄 업체를 담당하고 있다. 대구업체는 알루미늄 가격인상 요청 했을 때, 2년간 가격 인상하지 않기로 회의록을 작성 했기에, 알루미늄 제품은 단가 인하 할 수 없다. 우리도 상도덕이 있는데, 대구업체에 단가 인하라는 말 자체를 꺼낼 수 없다. 어쩔 수 없이, 다른 업체에 더 단가 인하를 시켜야 한다. 그래야 전체 구매원가 3% 인하분을 달성할 수 있다. 내 회사 업무 중 가장 중요한 업무 중에 하나 이기에 무조건 해내야 한다.

 답답하다. 그냥 막무가내로 단가 인하해야 합니다 라고 말 할 수도 없다. 어느정도 논리를 가지고 가야 하는데, 담당자인 우리들은 업체에게 매년 똑 같은 레파토리로 가면 안된다.

 항상 물가는 매년 오르기에, 공급단가 인하를 달갑게 맞아주는 업체는 없다. 그렇기에 직장인이 월급을 그냥 받는 것은 아닐 것이다. 나도 자동차 부품 바이어가 되기 전에는 몰랐던 사실이다. 자동차 한 대에 고무 부품이 수 백개, 수 천개나 들어 간다. 고무 부품이 하는 역할은 sealing 기름 등 새는 것을 막아주는 부품이다. 한 개 가격은 얼마 안되지 않지만, 물량이 엄청나서 우리회사가 구매하는 고무 부품이 연간 약 30억이다. 경기도 시화 공단에 있는 고무 업체는 매년 신규 비즈니스가 있어서, 매년 계약 때마다 3년간 단가에 대해서 step down 계획을 기 협의했기에 크게 어렵지 않을 것이다. 일단 전화나 이메일 보다는 업체에 가서 머리를 맞대고 연구해 봐야 겠다.

이번 출장은 2박 3일로 신청서를 올렸다. 첫 날은 고무업체 들리고, 둘째 날 필터업체, 셋째 날은 필터업체 시간이 길어질 것을 염두해두고 2박3일 출장 계획을 세웠다. 창원에서 경기도까지 운전해서 가면, 5시간 정도 걸린다. 제일 힘든 첫 날에 상대적으로 편하게 협의가 될 업체를 가는 것이 좋다. 오늘 아침에는 회사에 출근하지 않고 바로 업체로 간다. 차에 시동을 걸고 이 부장님께 전화 드렸다.

"이 부장님, 장민준 대리입니다. 지금 막 집에서 나와서 출발하려고 합니다."

답답하긴 하지만 그래도 힘차게 부장님께 말씀드렸다.

"그래, 장 대리, 운전 조심히 하고, 어렵더라도 우리 타겟 맞춰야 하는거 잘 알지? 잘 협의하고 와, 무슨 일 있으면 전화하고, 알았지?"

"네, 부장님, 다녀와서 보고 드리겠습니다."

김 주임, 최 과장님도 출장을 가셨을 것이다. 가끔은 이렇게 다들 출장 나가면 부장님은 사무실에 머하고 계실까? 하고 궁금해지기도 한다. 신규 비즈니스를 가지고 업체 sourcing(개발)을 할 때는 발길음이 가볍다. 장사나 사업이나 똑같다. 신규 고객을 유치하는 것을 싫어

하는 업체는 없다. 싫어도 해야 하는 일이 있는 것이다.

바이어 업무도 쉽고 대접받는 일도 있지만, 또 사장님을 대신해서, 바이어가 회사의 이익을 위해서 꼭 해야 할 일이 있는 것이다. 이건 모든 부서가 다 같은 부분이고, 직장인들이 그렇게 살아가고 일을 해내가면서 회사와 같이 성장하는 것이다. 경기도 시화 공단 업체에 도착하니 오후 3시가 되었다. 오랫동안 거래를 해온 영업부장 이 부장님이 나와 계신다.

"충성! 잘 계셨습니까?"

환하게 웃으시면서 고무업체 이 부장님 반겨 주신다. 방금 내 직속 이 부장님에게 전화를 드렸을 때와는 사뭇 다른 분위기이다. 가끔 고무업체의 이 부장님은 사촌형을 만나는 생각이 드는 것처럼, 거래처 고객을 편하게 해주시는 재주가 있으신 것 같다.

"네, 부장님. 덕분에 잘 지내고 있습니다."

"장 대리님, 그럼 바로 저희 생산라인 한번 보러 가시죠?"

이 부장님께서 생산현장을 같이 돌아보며 설명해 주신다.

이번에 수율을 높이기 위해서, 고무 성형하는 금형과 고무를 넣는 형태를 조정해서 수율을 높이셨다고 한다. 이를 통해서 자체적으로 가격경쟁력을 갖추고 있다고 말씀하신다.

'수율'이란 투입한 원료 대비 생산해 나온 제품의 비율이다. 수율이 높을수록 제품 생산 단가는 내려가게 된다. 수율이 높다면 재료비를 낮출 수 있다는 것이다.

붕어빵을 만들 때 반죽을 검정색 틀에 넣는다. 그 검정색 틀이 금형이다. 붕어빵 틀을 보면 중간부분이 많이 내려가 움푹 파여 있고, 바깥쪽으로 갈수록 높이 차이가 평평 해진다. 최대한 붕어빵 반죽이 밖으로 나가는 것을 방지하려고, 만든 것이다. 그리고 반죽을 어떻게 배합하고, 얼마나 넣는지에, 따라서 붕어빵 끝부분에 버려지는 부분이 많거나 적게 된다. 버려지는 반죽이 많아 지게 되면 그 제품은 수율이 낮은 것이고, 반대로 버려지는 반죽이 적다면 그 공정은 수율이 높은 제품을 생산하고 있다는 것이다. 이런 원리를 가지고 제조업체에서는 수율을 높이려고 끊임없이 연구한다. 수율을 높이게 되면 그만큼의 재료비를 절감할 수 있게 된다. 수율이 바로 회사의 가격경쟁력으로 직결되는 부분이다.

고무업체 영업부장님은 사실 여기 회사 사장님의 조카이다. 일부 중소기업에 가보면 유학을 갔다 오거나 대학 졸업후에 자제분이나 친인척분을 바로 영업부장님이나 경리부장님부터 시작하게 하는 업체를 만나 볼 수 있다. 아무래도 그분들은 다른 분들에 비해 일반적인 지식이 뛰어날 수는 있겠지만, 회사의 경험 부족으로 보통 현장과 소통이 원활하지 못하고 제품에 대한 지식과 관심이 많이 없다. 보통 이런 업체의 경우, 가격 경쟁력이 떨어지거나 제품 불량이 빈번해진다. 관리자가 제품을 잘 모르면 주도적으로 부서원을 통솔하기 어려운 것이다. 고무업체 이 부장님은 20살 때부터 현장에서 굳은 일부터 시작해서 오랜 기간 생산현장에서 일하셨다. 그리고 항상 기술 개발과 경쟁력을 갖추기 위해서 야근을 마다하고 연구하였다. 기술적 문제이든 가격 문제이든 여기 이 부장님을 통하면 다 해결된다. 나도 고무업체 이 부장님을 알고 나서 자주 현장에 가서 소통하고 직접 생산일도 자주 해본다.

많은 분을 만나다 보면, 배울 기회가 참 많다. 내가 바이어라는 직업을 좋아하는 이유 중의 하나이다. 견문도 넓히고 세상 곳곳에 계시는 선생님을 찾아 뵙는 것 같다.

"장 대리님, 이제 사무실 가시죠?"

"네, 부장님, 대단하십니다. 매년 이렇게 끊임없이 연구하시고 경쟁력을 높이시고, 정말 대단하십니다. 부장님."

"그래야 장 대리님이 매년 올 때마다 3% CR 맞춰 드리죠, 하하."

너스레 웃으시면서 이 부장님이 말씀하셨다. 내년 단가 인하하러 왔는데 이렇게 편하게 대해주는 업체는 거의 없다고 보면 된다. 그렇게 매년 경쟁력을 높이시는 것 자체가 존경스럽다. 사무실에 가니 김 상무님도 계셨다. 경기도 고무업체는 우리회사와 20년 넘게 거래하였다. 경기도 업체는 같이 성장하며, 협력업체를 넘어 이제는 동반자이다. 우리 회사에 납품하면서, 다른 외국계 자동차 부품회사에도 추가적으로 납품을 하게 되었고, 회사 규모도 커지고 성장하였다.

우리 회사도 고무 부품은 20년 넘게 안정적이고 경쟁력 있는 단가로 공급받으면서, 우리도 다른 경쟁사들 과의 가격, 기술경쟁에서 버티며, 살아남을 수 있었다. 이것이 우리가 말하는 정말 상생 관계이다. 이 부장님과 김 상무님과 무리 없이, 내년 단가를 3% 인하하기로 회의록을 작성하였다.

이 부장님께서 오랜만에 저녁 같이 하자고 하신다. 그러고 보니 시간이 벌써 7시가 다 되었다. 우리는 시화공단 인근에 있는 고깃집에 갔다. 이 부장님과 나와의 주제는 비즈니스 아니면 부동산이다. 이 부장님과 나는 부동산 투자를 하고 매주 임장을 다닌다. 회사 외적인 투자에 대한 생각과 관심분야도 비슷해서 말이 참 잘 통하는 형이다. 그리고 업무 협의가 끝나고 나면 저녁 식사 자리에서 되도록이면 업무에 관한 이야기는 더 이상 하지 않는다. 그런 점이 더 편한 것 같다.

"장 대리님, 요즘 저는 재개발, 재건축 하나 잡으려고 찾아다니고 보고 있어요. 아무래도 이제는 신축과 입지, 둘 다 잡아야 하지 않을까요? 그렇게 보면 재건축이나 재개발이 둘 다 잡을 수 있는 거 같아요"

이 부장님은 경기도와 서울에 아파트를 가지고 계신다. 경기도에는 거주하시고, 서울 아파트는 세를 주셨다. 회사 업무도 정말 잘 하시지만, 부동산 투자도 대단하신 분이다. 부장님을 보면서 나도 서울에 직접 투자하기는 어렵지만, 창원에 거주하면서 그래도 더 큰 도시인 부산에 투자 해야 겠다고 생각했다.

"이 부장님, 맞습니다. 서울이 제일 좋은데, 저는 잘 알지 못하는 곳은 투자를 꺼려서, 저도 부산 쪽 재건축, 재개발 계속 보고 있어요. 이제는 다같이 오르기 보다 일부 지역만 상승하면서, 그 갭은 더 커질 것 같아요."

나도 해운대 아파트를 매수한 이후, 결혼하고 나서 처음으로 분양 받은 창원 아파트는 적정한 이익을 보고 비과세로 매도할 계획이다. 매도 후에는 부산에 재건축 아파트를 매수할 생각으로, 자주 손임장과 직접 발품을 팔아서 부산에 가서 발임장을 하고 있다. 직장은 창원에 있지만, 부산에서 자라고 많은 시간을 보내다 보니, 부산에 대해 조금 더 많이 아는 것 같아서 부산에 아파트 투자를 할려고 한다.

물론, 현재 내가 직장다니며, 거주하는 경상남도 창원도 좋은 곳이다. 많은 대기업과 외국계기업이 있는 경제도시로서, 소득 수준도 높은 편이다. 그러다 보니 일부 아파트는 부산 보다 훨씬 비싼 가격이 형성되어 있다. 부산은 해운대, 광안리 지역과 같이, 바다 인근에 있는 바다뷰 아파트가 서울의 강남이다. 마린시티, 센텀시티가 부산의 강남이다.

고무업체 이 부장님과 한참을 재개발, 재건축, 리모델링, 그리고 원수나 이혼하는 배우자에게 위자료로 사게 소개 시켜 주라는 '지역주택조합' 등 관심사가 비슷해서 한참을 부동산에 대해서 얘기하고 헤어졌다. 지주택이라고 무조건 나쁜 것은 아니다.

High risk, high return으로 봐도 된다. 지주택을 권하는 사람보다 내가 잘 알지 못한다면, 지주택은 피하고 보시라고 말해 주고 싶다. 세상에 갑자기 찾아와서 알려주는 대박 정보는 대체로 사람들이 찾지 않아서, 팔리지 않아서, 여기 저기 돌아다니면서 억지로 쥐어짜서 팔고 있는 상품이 대부분이다. 나는 여유자금이 많이 없어서, 항상 대출을 끼고 투자를 해야 한다. 그래서 내 입장에서는 그중 가장 리스크가 낮은 재건축이 될 것 같은 부산 바다 부근 평지 5층짜리 아파트를 찾아 다니고 있다.

필터업체

"이러면 상도의에 어긋나는 건데!"

원가절감 출장 이틀째이다. 오늘은 어제처럼, 쉽게 원
가절감 협의가 되지 않을 것이다. 그래서, 오늘 일정은
두 번째 날짜로 출장 계획을 잡았다. 어제 소주를 한 잔
해서 그런지 아침에 국밥을 먹고 나서야 이제 속이 좀
풀린다. 오늘 필터업체를 만나서 협상하고 바로 내려갈
수도 있지만, 일부러 넉넉한 일정으로 하루 더 잡았다.

저번달에 품질부서에 있는 입사 동기 서대리한테 연

락이 왔었다. 그때 뭔가 이 필터업체에서 우리에게 말하지 않은 것이 있다는 감이 왔다. 분명 숨기는 것이 있는 것 같았다. 만약 그것을 찾아낸다면, 오히려 우리가 생각한 원가절감 3% 이상의 결과를 가져올 수 있다고 생각했다. 그리고 대구에 있는 알루미늄 업체에 원가절감을 못하는 부분을 여기에서 채워야 겠다고 목표를 잡았다.

저번달에 동기 서대리가 급하게 전화가 왔다.

"장 대리, 나 여기 시화공단 우리 필터업체 품질 감사 나왔는데."

"어, 서대리. 내가 알기로는 불량 한번 낸 적이 없는 업체야."

"장 대리, 그건 아는데 좀 이상해. 일부 생산 공정은 대외비라서 안보여 줄 수 있는데, 생산라인 자체를 안 보여줘, 나 이런 업체는 처음이야."

"고객사 품질 담당자가 업체에 생산라인 확인하러 가

는게 당연한 건데 이상하게 이 필터업체는 매번 안 보여줘. 그리고 필터 소재가 SUS 스테인레스인데 여기 소재 창고에 메쉬 소재랑 레진(플라스틱 원료) 밖에 없어.”

“장 대리, 그러니깐 소재도 없고, 생산라인도 안 보여줘!”

“네가 생각해도 이상하지 않아? 무언가 숨기고 있는 게 분명해!”

확신에 찬 목소리로 서대리가 말했다. 구매부에서 매년 원가절감을 하는 것이 연례행사 인 것처럼, 품질부서에서는 제품 불량을 사전에 예방하고자, 매년 협력 업체 생산라인 감사를 나간다. 생산공정이 잘 관리되고 있는지, 불량이 날 여지는 없는지를 감사하고, 업체 평가에 품질 점수를 매긴다. 회사를 운영하면 여러 측면에 비용이 들지만, 가장 적은 비용으로 큰 효용을 기대할 수 있는 것이, 사전 품질 불량 예방에 쓰는 비용이다. 그 중에 품질부서의 사전 품질, 업체 생산현장 감사가 불량을 사전에 예방할 수 있는 가장 적합한 업무이다.

그런데 참 이상하다. 일부 공정은 업체의 노하우라 대외비로 안보여 줄 수 있다. 일종의 맛집에 가면 있는 비법소스는 공개해 주지 않는다, 그런 것처럼 일부 공정은 대외비로 보여주지 않을 수 있다. 하지만 원료 창고에 SUS가 없다는 것은 뭔가 이상하다. 게다가 생산라인 자체를 보여주지 않는 다는 것은 기업간 거래에 있어서 이해가 되지 않는 부분이다. 원료도 없고 생산라인 자체를 보여주지 않는 것은, 그 업체가 직접 생산하지 않고, 다른 업체로부터 납품 받아서 그대로 우리에게 팔고, 마진만 남길 수도 있다는 의심이 들게 하는 부분이다. 분명 계약서 내용을 보면 이 업체가 직접 생산해서 직접 납품하며, 제품에 대한 품질 보증도 한다고 계약서에 나와 있다.

경기도에 오기전에 사무실에서 동그란 필터제품을 유심히 보았다. SUS 스테인레스에 이렇게 작은 구멍은 단조같이 쾅 내려 찍거나 기계로 뚫기에는 너무 작은 구멍이다. 다른 공법이 적용된 것이다. 우리 회사 연구소에 자문을 구하니 이 필터는 'ETCHING 에칭'이라는 부식 기법이라고 한다. 우리가 거래하고 있는 아이테크 이외에 부식기법을 사용하여 생산하고 있는 업체를 찾아보니 경기도 시화공단에 하이테크라는 에칭업체가 있었다.

오늘은 우리 필터업체 아이테크를 가기전에 오전에 하이테크라는 에칭업체를 먼저 가기로 약속을 잡아 두었다. 내 짐작이 맞다면, 우리 필터업체 아이테크는 다른 에칭 전문 업체에서 완제품을 받아서 포장만 해서, 우리회사에 공급하고 높은 부당 이익을 챙기고 있을 것이다. 만약 그렇다면 이는 상도의에 어긋나는 것이다.

일단 짐작이니 확인부터 해봐야겠다. 출장 오기전에 유선상으로 하이데크 업제 이사님께 우리회사 소개를 간단히 드리고 오늘 오전에 뵙기로 사전 약속을 하였다.

오전 10시 정도에 도착하니, 업체 이사님께서 나와 계셨다.

"반갑습니다. 장민준 대리님 맞으시죠? 뵙게 되어서 영광입니다. 하이테크 이영진 이사 입니다."

하이테크 업제 이사님께서 반갑게 맞아 주신다.

"안녕하세요, 이사님. 전화 드렸던, A사 바이어 장민준 입니다."

"네, 장 대리님, 먼 길 오시느라 수고 많으셨습니다. 저희 생산라인부터 먼저 소개 드리겠습니다. 이쪽으로 오십시오."

이사님께서 친절하게 생산라인을 같이 걸으면서 에칭 부식으로 생산하는 여러 공정을 직접 보여주셨다. 우리 회사와 비슷한 필터는 별도 정밀 생산라인에서 생산을 하신다고 하시며 유리벽 넘어서 자동화로 생산되고 있는 생산 현장을 보여주셨다. 필터의 작은 구멍 하나 하나를 부식 시켜서 오차없이 생산한다는 것이 놀라웠다.

생산라인을 같이 보고 나서, 이사님께서 바로 회의실로 바로 안내하셨다.

"장 대리님, 현재 우리나라에 에칭 산업이 크지가 않아서, 3개 업체가 남았습니다. 저희 하이테크가 40%정도 시장 점유하고, 나머지 2회사가 30%씩 시장 점유하고 있습니다."

"똑똑."

회의실로 누군가가 들어왔다.

"장 대리님, 인사하시죠. 저희 영업부장 김재성입니다."

하이테크 영업부장님께서 들어오셔서 인사 하셨다.

"안녕하세요. 장 대리님, 영업부 김재성 부장입니다."

"반갑습니다. 부장님, A사 바이어 장민준 대리입니다."

서로 명함을 교환하고 자리에 앉자, 이사님께서 이어서 말씀하신다.

"김 부장님, 장 대리님께 내가 말한 필터 보여 드리세요."

김 부장님께서 가져오신 상자를 열어서 필터를 보여주셨다. 보여주신 필터는 우리 제품과 거의 똑같았다.

'이게 어떻게 된 거지? 우리가 견적을 요청 한적도 없는데, 어떻게 우리 제품 알고 있지?' 내가 깜짝 놀라고 당황스러워 하자, 이사님께서 말씀하신다.

"저희가 수년 전부터, D사에 납품하고 있는 필터입니다."

"사실은 몇 년 전에."

갑자기 이사님께서 물을 한 잔하시고, 뭔가 중요한 말씀을 하실 것처럼, 잠깐 뜸을 들이시고는 말씀하신다.

"저희도 아이테크, 현재 장 대리님께서 필터를 납품받고 계시는 아이테크에서 저희에게 견적 요청을 하였습니다. 그때 장 대리님 회사의 도면을 보고 견적을 제출했는데, 저희와는 거래를 하지 않고, 다른 업체와 거래한다고 확인했습니다.”

“아마 아이테크라는 업체가 저희 에칭업계 2위인 신일테크와 계약을 한 것으로 알고 있습니다. 신일테크에서 장 대리님께서 거래하시는 아이테크 회사로 납품하면, 아이테크에서 재포장해서 장 대리님 회사로 납품하는 것 같습니다.”

“네, 이사님.”

무척이나 당황스럽고 부끄럽다. 바이어일을 하면서 지금 이 사실이 원가절감의 절호의 기회이기도, 하지만 내가 사고 있는 제품이 어디서 생산하는지 얼마 짜리 제품인지도 모르고 있었다니 정말 부끄럽다. 내가 바이어라고 말할 수 있을지 당황스럽고, 부끄럽다. 더군다나 이 사실을 내가 직접 알아낸 것도 아니고 다른 경쟁업체로부터 이 말을 들었다는 것이 부끄럽다.

하지만 동종 에칭업계 회사를 만나보면 아이테크가 무엇을 숨기고 있을 지 알 수 있을 것 같아서, 서둘러 하이테크와 방문 약속을 잡았던 것이다. 필터제품에 대해서는 경쟁사인 D사 보다 한발 늦었다는 것에도 내 스스로 에게 자책이 된다. 물론 우리가 D사 보다 더 경쟁력 있게, 구매하고 있는 제품도 있을 것이다.

일단 지금 최선을 다 해야겠다. 더 이상의 자책은 나를 위해서나, 회사의 이익을 위해서나 도움이 되지 않을 것이다. 잘못한 부분은 질책을 받고 앞으로 고쳐 나가면 된다. 어제의 질책만 오늘 하고 있다면, 나의 내일도 오늘과 다르지 않을 것이다. 어제를 교훈 삼아서, 오늘 최선을 다하면 오늘 보다 나은 내일이 있을 것이다. 이제 정신을 차리고 하이테크 이사님께 말씀드렸다.

"이사님, 몇 년 전에 제출하셨던, 견적 보여주실 수 있으신 가요?"

내 말과 동시에 이사님께서 종이 몇 장을 바로 가지고 오셨다.

"네, 장 대리님. 여기 있습니다. 그때 저희가 받았던 도면이고, 여기가 저희가 제출한 견적서입니다. 제품 크기에 큰 변화가 없다면, 거기 보시는 견적 단가로 현재도 공급 가능합니다."

하이테크 이사님은 가격 경쟁력이 있을 것이라고 확신에 찬 목소리로 말씀하셨다. 우리가 현재 아이테크로부터 필터를 연간 10억 원 정도를 구매하고 있는데, 많이 차이가 나는 금액이다. 하이테크 이사님의 주신 견적 단가로 계산해 보면 6억 원이면 1년간 사용할 수 있는 필터를 구매할 수 있는 단가이다. 자동차부품 단가에서 이정도 차이가 나는 것은 드문 경우이다. 그만큼 내가 우리 회사가 높은 단가로 사고 있었던 것이다.

아이테크 업체는 포장지만 바꿔서 연간 4억 원 이상을 가져간 것이다. 더군다나 아이테크 업체가 하이테크가 제출한 견적 단가와 거래하지 않고, 다른 에칭 업체와 거래를 했다는 말 자체는 그 업체가 하이테크 보다 낮은 단가로 견적을 아이테크에 제출했다는 것이다. 이

단가보다 더 낮은 단가로 공급을 받아서, 우리에게 팔고 있었다는 말이다. 이사님이 다 아시는 눈치지만, 그래도 바이어가 너무 기세가 밀리지는 말아야 한다.

나도 정신을 차리고 말 해야겠다.

"네, 이사님, D사 제품 생산하고 계시고, 단가도 충분히 경쟁력 있습니다. 저희 회사는 연간 step down해서 계약을 체결합니다. 먼저, 지금 주신 견적 단가 보다 10% 더 올려서 납품가로 해드리겠습니다."

내가 견적 단가 보다 10% 더 높은 단가로 해드리겠다고 말씀드리니, 하이테크 이사님도 당황한 기색이다.

당연하다. 견적을 받으면 고객사는 견적가를 분석을 해서, 그 보다 낮은 단가로 협상을 한다. 그렇기에 업체에서도 견적을 제출할 때 협상을 염두 해 두고 견적 단가에 버퍼를 두기도 한다. 하지만 우리 회사는 안정적인 공급을 바탕으로 장기계약을 선호해서, 너무 박하지 않은 단가로 협의를 하고, 대신에 다른 조건을 제시한다.

연간 단가 인하 조건이다.

"그리고 3년간 7%씩, step down 단가인하 조건이면, 바로 계약하겠습니다."

우리 회사 조건을 하이테크 이사님께 말씀드렸다.

"네, 장 대리님, 그런데 3년간 7% 단가를 인하하면, 최종적으로는 저희가 21% 단가 인하를 하는 셈이네요. 지금 견적단가에 10%를 올렸다가, 점차 단가 인하해서 지금 견적 단가 보다 10% 정도 인하되겠네요."

"아시다시피, 이 견적단가는 저희가 제시할 수 있는 마지막 가격입니다. 장 대리님, 그러면, 저희가 올해부터 A사 물량 100% 납품이 가능한가요? 그렇게만 된다면, 장 대리님 계약 조건대로 하겠습니다."

우리가 사용하는 제품들과 다르게 자동차 사고는 사람 생명과 직결되어 있다. 휴대폰이 작동이 안된다고 해서 사람이 다치는 일은 매우 드물다. 하지만 운행 중인 자동차의 사고는 사람의 생명과 직결된다. 매우 중요한 부분이다. 그렇기 때문에 자동차 부품회사에서 품질은 다른 어떠한 것보다 최우선 조건이다. 그렇기에 업체를 변경하는 것에 많은 시간과 테스트 과정이 필요하다. 안전성이 확보되었다는 검증 과정까지 완료가 되어야 신규로 거래하게 된 업체의 부품을 자동차에 장착할 수 있는 것이다.

오늘 오후에 아이테크를 만날 예정이지만, 아이테크가 재고가 엄청 많이 남았다고 하면, 업체 이관하는 시점도 바로 장담할 수 없다. 하이테크의 첫 생산이 내년이 될 수도 있다. 이를 알기에 하이테크 업체 이사님께서 납품 가능한 시점을 물어보시는 것이다. 이 정도 리스크는 안고 가야 한다. 아이테크가 상도덕을 지키지 않은 것을 확인했기에, 3개월 안에 하이테크가 납품할 수 있도록 해야겠다.

"좋습니다. 이사님. 협의한 조건으로 견적서 수정해서, step down 7% 3년간 조건도 명기해 주십시오. 오늘

부터 3개월 후부터, 바로 저희 회사에 납품하는 것으로 하겠습니다."

됐다! 이렇게 되면 알루미늄 제품 인하분까지 필터에서 할 수 있다. 바이어는 항상 현장과 많은 업체를 다녀봐야 된다는 구매 부장님과 상무님 말씀이 맞다. 바로 아이테크에가서 담판을 지어야겠다. 하이테크 상무님께 인사를 드리고 서둘러 아이테크로 가야겠다.

"이사님, 부장님, 오늘 감사했습니다. 아마 이번 달 안으로 저희 품질 개발팀에서 나올 겁니다. 저희와 거래하기 위해 설비 등 생산 라인 관리가 잘 되어 있는 지 여부를 저희 품질팀에서 진행하게 됩니다."

"저희 경쟁업체인 D사와 거래를 시작 하실 때도 비슷한 절차가 있었을 겁니다. 품질 평가 후, 시제품 생산 일정을 전달 드릴 것입니다. 시제품에 대해서 저희 품질팀에서 약 3개월간 여러 테스트와 안전성 검사를 거친 후부터는 양산해서 저희 회사에 납품하시면 됩니다."

"자세한 이야기는 내려가서, 다음 주에 전화 드리겠습니다."

대략적인 개발 일정에 대해서 하이테크 이사님께 말씀드렸다. 계약 성사를 시킨 하이테크 이사님 얼굴이 많이 흡족해하시는 표정이다.

"정말 감사합니다. 장 대리님, 저희가 한번 내려가서 찾아 뵙겠습니다."

"네, 이사님. 개발 기간 동안에 몇 번 오시게 될 겁니다. 그럼 이사님, 부장님, 이제 가보겠습니다."

계약을 성사와 인사를 드리고 편한 마음으로 발길을 돌렸다. 나오자마자 바로 아이테크로 차를 돌렸다. 그렇게 멀지 않은 곳에 있어서, 아이테크에 도착하니 오후 3시였다. 저 멀리서 아이테크 영업부장님이 작은 강아지와 큰 개들에게 밥을 주고 계신다. 공장에 가보면 간혹 큰 개를 키우는 곳이 많이 있다. 공장이 외진 곳에 있다 보니, 큰 개들이 경비에 도움이 되어서, 그렇게 하는 경우가 더러 있다고 한다. 아이테크 영업부장님이 나를 알아보고 오신다.

"안녕하세요. 장 대리님."

내막을 알고 와서 그런지 웃으며 나에게 인사하는 아이테크 부장님이 그렇게 반갑지 않다.

"네, 안녕하세요 오 부장님, 잘 계셨죠?"

"장 대리님, 매년 이맘때 오시는 것 같은데요. 보자, 보자, 장 대리님, 또 가격 인하 말씀하실려고요?"

아이테크 오 부장님이 정말 능구렁이처럼 말 하는 것 같다.

"네, 오 부장님. 저희 내년 단가 확정해야 하는 시기라서요."

"아이쿠, 장 대리님. 우리 필터는 만들기 정말 까다로운 제품이에요. 우리나라에 우리말고 만들 수 있는 업체가 없어요."

"저희가 대리님께는 최저가로 공급해 드리고 있어요.

마진이 없어요. 먼길 오셨으니, 1% 단가 인하하는 것으로 부탁드립니다."

내용을 확인하고 다 알고 와서 그런지 오늘 오 부장님의 말과 행동이 너무나 뻔뻔스러워 듣고 있기가 불편하다. 참 뻔뻔하다.

생각해 보면, 소중한 내 회사 동기중에 한 명인, 품질 부서 서대리의 전화가 없었다면, 오늘도 나는 만들기가 어렵고 힘들다는 오 부장 말에 속고, 몇번의 부탁 끝에 원가절감 협의를 하고 갔을 것이다. 오 부장님은 나를 어떻게 생각할까? 이제 슬슬 오 부장님께 말씀을 드려야겠다.

"오 부장님. 그런데, 그래도 저희가 고객이잖아요, 아이테크한테요! 그런데, 왜 매번 생산라인을 안보여 주시나요?"

이해가 안 된다는 말투로 아이테크 오 부장님께 말씀드렸다.

"장 대리님, 안됩니다. 그건, 절대 안 됩니다."

"저희 노하우라 보여 드릴 수가 없습니다. 우리나라에서 저희만 할 수 있는 특수 공정입니다. 아시는 것처럼 저희가 이때까지 불량한번 낸 적이 없잖아요?"

"저희 사장님께서, 필터 공정은 절대 공개하지 말라고, 매번 말씀하십니다."

더 이상의 뻔뻔한 오 부장님의 말을 들을 필요는 없을 것 같다. 그리고 시간을 더 지체할 필요 없다. 바이어는 밀어 부칠 때는 강하게 밀어 부쳐야 한다. 나는 아무 말도 하지 않고, 갑자기 입구를 향해 뛰어 갔다. 입구를 지나 1층, 2층 계단을 뛰어올라갔다. 내가 갑자기 뛰어가자, 영업부 오 부장님도 급하게 뒤 따라오시면서 "장 대리님!", "장 대리님!" 내 이름을 연거푸 부르면서 뛰어올라 오신다. 나는 2층 계단을 지나 아이테크 사장님실이 있는 3층에 도착하였다. 뒤 따라오시면서, 오 부장님이 크게 소리를 지르셔서 그런지, 사장님실 앞에서 주변을 돌아보자 아이테크 직원분들이 모두 자리에 일어나서 나를 응시하고 있다.

여차하면 열명 정도 되는 건장한 남자들이 나에게 달려들 태세이다. 나도 갑자기 긴장되는 순간이다. 오늘 하이테크에서 내가 두 눈으로 확인한 사실을 가지고 아이테크 오 부장님과 실랑이를 하는 것보다 아이테크 사장님 앞에서 바로 이야기를 꺼 낼려고 생각했었기 때문에 급하게 바로 3층으로 달려왔다. 업체에는 실례가 되는 행동이라는 것은 충분히 감안하고 한 행동이다. 오 부장님과 옆을 보니, 어느새 아이테크 이 전무님도 놀랍고 화가 난 것 같은 표정으로 나를 쳐다 보고 있다. 더 이상 망설이고 서 있다 가는, 이 전무님이 "막아"라고 소리를 외치면, 아이테크 직원들에게 잡혀서 나는 끌려 나갈 것 같았다.

안 되겠다. 바로 사장님실 문을 그냥 열고 들어갔다. 나는 아랑곳하지 않고 인사 드렸다.

"안녕하십니까? 아이테크 사장님. A사 필터 담당 바이어 장민준입니다. 처음 뵙겠습니다. 사장님."

비장한 모습으로 협력 업체 사장님께 인사를 드렸다.

"네, 그래요? 여기 앉으세요."

사장님이 언짢으신 표정으로 이 전무와 오 부장을 번갈아 쳐다보신다.

"오 부장, 가서 차 한 잔 타와."

그리고 사장님이 다시 나에게 말씀을 하신다.

"아까, 성함이 어떻게 된다고?"

옆에 이 전무님이, 다급하게 말씀하신다.

"장 대리님입니다."

"그래, 이 전무. 장 대리님, 무슨 일이신 가요? 얼마나 급하시길래, 바로 이렇게 들어오셨나요?"

아이테크 사장님도 이런 상황이 납득이 가지 않는 다는 표정으로 말씀하셨다.

"사장님, 저희에게 납품하시는 필터 때문에 왔습니다.

그 필터를 사장님 회사에서 생산하지 않는 거, 알고 왔습니다."

"자동차 업계에 일하시면서,"

내가 계속 말을 이어가고 있는데, 갑자기 큰소리로 아이테크 이 전무님이 소리친다.

"그게 무슨 말이야? 장 대리! 뭘 알고 왔다는 말이야! 장 대리!"

"말 가려서 해! 말이 앞뒤가 없어!"

말이 앞뒤가 안 맞고 우리를 속이고 비즈니스를 한 것은 아이테크 업체 본인들인데, 오히려 큰소리를 치신다. 이정도면 나중에 발각되면 거래를 하지 않겠다는 계획을 미리 세워 둔 것 같다는 생각이 들 정도이다. 나 혼자서 적진이라, 조금 두렵기도 하지만 바이어는 밀리지 않아야 한다. 어차피 지금 상황에서는 어떻게 든 목적 달성을 해야 한다. 3층 사장님실을 내발로 씩씩하게 걸어온 것처럼, 지금부터 더 강하게 밀어 부쳐야 한다. 그래야 바이어가 이긴다. 지금은 인정 사정 볼 때가 아니다.

"사장님, 그러면 자동차 업계에 소문 낼까요? 아님 공정거래 위원회에 고발할까요? 저희 자동차업계 다 아시잖습니까?"

"어떻게 박스만 갈아서 속여서 납품합니까?"

흔히 말하는 박스갈이만 해서 연간 4억이 넘는 부당이득을 가진 것이다. 그제서야 아이테크 사장님께서 천천히 말씀하신다.

"죄송합니다. 장 대리님. 원하시는 대로 따르겠습니다."

"오 부장, 장 대리님 모시고 가서, 말씀 하시는 대로 해드려."

아이테크 사장님께서 그렇게 말씀하시고, 자리에서 일어나셨다. 그런 사장님의 모습을 보고 나도 말씀드렸다.

"사장님, 다음 번에는 좋은 모습으로 인사 드리겠습니

다. 감사합니다, 사장님."

긴박한 상황이 찰나같이 지나가고 이제 숨을 좀 돌리며, 정신이 든다. 일을 하다 보면 또 다시 만나게 되는 경우가 많다. 상대방에서 합당한 조치를 취한다면, 더이상 몰아세울 필요는 없다고 생각한다. 다 사람사는 세상이고 영원한 적은 없다. 우리회사도 그렇고 아이테크도 그렇고 회사는 이익을 창출하고 보전하기 위해서 있는 곳이다. 그렇기에 이런 일도 생기기 마련이다. 그러고 나서 또 서로 도움이 되면 다시 일을 같이 하기도 한다.

나는 오 부장님과 이 전무님과 사장님실에 나와서, 협의를 진행하였다. 아이테크에서는 업체에 재고가 1년치 있다고, 50% 단가로 우리가 사 주길 요청했지만, 나는 그럴 수 없다. 그렇게 되면 아이테크에 오기전에 계약한 하이테크의 납품 약속을 지킬 수 없게 된다. 아이테크와는 더 이상 거래를 하기 어렵고, 오늘 낮에 하이테크와 3개월 후부터 납품을 약속했기에 1년 물량을 사줄 수는 없다. 가격만이 문제가 아니다. 그리고 좋지 않은 문제로 비즈니스를 종료할 때는 시간을 지체하지 않는 것이 좋다. 거래 종료시점이 빠를수록 더 이상의 문제를 야기시키지 않는 것이다.

협상 끝에 우리 회사에서도 추가 법적인 대응 조치를 하지 않는 것으로 하고, 우리 회사 2개월치 물량만 60% 가격으로 사기로 하였다. 하이테크가 우리 회사 개발 과정을 거치는데 약 45일이 소요되기에, 2개월치 물량이면 충분할 것이다. 협상을 끝내고 나오니 저녁 8시이다. 정신을 곤두세우고, 작두를 타는 것처럼, 시종일관 수싸움을 하다 보니 너무 지친다. 도무지 경기도에서 운전해서 갈 자신이 없다. 아무래도 오늘 경기도에서 자고, 내일 운전해서 가야 겠다. 그래서 넉넉하게 내일까지 출장 기간으로 잡았다.

숙소 근처 해장국집에 늘려서, 늦은 저녁과 소주한 잔을 했다. 해장국집에서 저녁에 반주를 한 잔하고 있으니 오늘 하루 수고했다는 생각도 들고, 영락없는 아저씨 구나 라는 생각도 든다. 정신 없고 힘든 하루였지만, 내가 목표로 잡은 대로 출장을 마무리 하였고, 회사 타겟 내년 단가도 달성하였다. 오늘 편하게 자고 내일 집으로 가야겠다.

재건축 재개발
"내가 대출하면,
투자 레버리지, 남이 하면, 영끌"

올해 가장 큰 일인 내년 구매단가 확정을 하고 나니 조금 홀가분하다. 마침 동기인 경리부 이 대리가 점심 나가서 같이 하자고 한다. 이 대리와 나는 입사 동기이고 나이도 동갑이라 더 친한 것 같다, 둘 다 부동산에 관심도 많고 투자하는 것도 좋아한다.

회사 근처 중식당에 왔다. 이 대리와 나는 우리 회사에서 부동산 많이 아는 사람, 부동산 전문가로 소문 나 있다. 그래서 우리 회사에서 집을 사려거나, 전세를 계약하게 되면 이 대리와 나에게 이것 저것 물어본다. 임원 분들까지도 가끔 이 대리와 나에게 부동산 관련 질문을 한다. 우리는 부동산 이야기할 때 몇시간 동안 커피한 잔 마시며 수다를 떨기도 한다. 이 대리가 나보다 조금 더 공격적으로 투자하는 타입이다. 그렇다고 해서 내가 보수적으로 투자하는 타입은 아니다.

"장 대리, 요즘은 어떻게 생각해? 내가 보기에, 요즘 부산이 뜨고 있어, 창원 집값이 부산 보다 비싸잖아. 그런데, 아마 몇 년 아니 몇 달이 될 수 도 있고, 부산 집값이 창원보다 더 비쌀 것 같아."

이 대리의 말이 일리가 있다. 인프라를 놓고 비교해보면 경상남도 창원보다, 부산이 인프라가 훨씬 잘 되어 있다. 다만 창원에는 많은 대기업과 외국계기업이 진출해 있어서, 평균 소득 수준이 창원이 부산보다 높은 편이다.

"맞아, 이 대리. 인프라는 부산이 훨씬 낫지. 창원은 아무래도 대기업이 많고, 창원이 급여수준이 높아 아파트 가격도 조금 높았던 것 같아. 부산이 더 올라가는 건 시간 문제지. 안 그래도 나 저번달에 창원 아파트 정리하고, 지금은 전세로 살고 있어."

"그래? 장 대리 그럼, 다른 아파트로 이사 갔어?"

"아니, 지금 아파트 내가 전세 사는 조건으로 매매 했어. 그래서 이사는 안 갔지."

"장 대리, 그럼 어디 아파트 살려고 매매 한거야?"

"이 대리 말 대로 나도 부산에 아파트 하나 더 사둘까 해서 창원 아파트는 정리했어. 해운대나 광안리 바다 부근으로, 재개발이나 재건축 찾아 다니고 있어. 재개발 보다는 재건축으로 더 알아보고 있어."

재개발과 재건축은 비슷하지만, 다른 개념이다. 일반적으로 노후 아파트를 허물고 다시 아파트를 건축하는 것은 재건축이라고 하고, 주택가를 허물고 그 자리에 아파트를 건축하는 것을 재개발이라고 한다. 가끔 길을 가다가 보이는 오래된 5층 정도 되는 아파트는 재건축이 되기 쉬운 아파트이다. 층수가 낮기 때문에 기존 아파트를 허물고, 20층 높이로 아파트를 재건축하게 되면 건설사에서도 많은 아파트를 분양해서 이득을 챙기기 쉽다. 그래서 재건축이 재개발보다 용이하고 속도가 빠른 편이다.

해운대, 광안리 부근 부동산 소장님께서 알려 주신 부분이 있다. 임장을 돌아다니면서 알게 된 소득이다. 창원과 비슷한 도시가 울산이다. 도로 이름이 '현대로'라고 지어질 만큼 현대그룹이 울산에 많이 있다. 그래서인지, 해운대, 광안리에서 출퇴근을 하는 울산 현대 직장인이 많다고 한다. 일하기에는 울산이 더 좋지만, 생활하기에 인프라는 해운대가 더 낫다는 뜻이다. 출퇴근 시간을 더 쓰더라도 내 가족이 부산 해운대에 있는 것이 울산에서 자라는 것 보다 더 좋다는 말이다.

"이 대리, 저번에 재개발, 재건축 보고 다닌다고 안 했어?"

"응, 장 대리. 나도 해운대 바다 부근에 재건축될 만한 아파트 영끌해서 하나 사뒀어."

"오~ 역시, 축하해. 이 대리. 저번에 장모님께서 광안리 바다 근처에서 부동산 하신다고 했지?"

이 대리는 부동산에 관심도 많고, 장모님도 부산 수영구 광안리 해안가에서 부동산 소장님으로 오래 일하시다 보니, 역시 정보도 빠르다. 추진력도 좋은 공격적인 성향의 이 대리라 벌써 재건축 물건을 하나 사두었다.

"응. 장모님이 광안리 바닷가 앞에서 부동산 하시지. 장 대리, 어디 봐 둔 아파트 있어?"

"이 대리, 매주 임장 다니다가 요즘 광안리 부근에 재건축 관리처분인가 나고, 이주 진행중인 아파트 하나 봤거든. 아무래도 관리처분인가 이후라, 가격은 좀 비싸긴 해. 그래도 영끌해서 투자 하는 거라, 좀 안전하게 갈려

179

고."

"아~~~! 장 대리, 그 광안리 바다 앞 그 5층 아파트 단지? 알지, 알지, 거기 입지 최고지!"

"이 대리, 이거 봐봐."

이 대리에게 휴대폰으로 검색한 급매물을 보여줬다.

"급매 나왔는데, 다른데 보다 한 3~4천만 원 싸. 최근 실거래가 보다도 3천만 원 정도 더 낮아."

"정말이네 장 대리. 우리 장모님 거기 재건축 아파트 하시거든, 내가 물어봐줄께."

우리 부부는 아이들이 어느 정도 자라면서, 첫째가 8살 둘째가 5살이 되고 나서는 주말은 하루씩 나눠서 독박육아와 하루 휴가를 가진다. 아이들도 주말이 되면 "오늘 누구랑 있어요?" 라고 물어본다. 물론 주말마다 다같이 다니면서 캠핑도 가고 놀이공원도 가면 좋지만, 나는 우리 가족의 미래가 조금 더 밝았으면 좋겠다. 그래서 와이프에게 주말에 하루씩 나눠서 애들 보자고 했고, 나는 그 하루 동안 부동산 임장도 가고, 부동산, 재테크 강의도 들으러 간다. 간혹 부동산이나 재테크 관련해서 내가 직접 작은 강의를 할 때도 있다. 그렇다고 우리 가족이 여행을 가지 않는 것은 아니다. 캠핑도 좋아해서 한달에 한번씩은 여행이나 캠핑을 같이 가는 편이다.

주말에 쉬는 날에는 손임장을 통해서 대법원경매 부동산 물건을 미리 보고, 가 볼 아파트를 정한다. 그리고 가볼 아파트 주변 맛집도 검색해 둔다. 나는 부동산 임장을 여행 삼아서 다닌다.

'고독한 미식가' 처럼 맛집에 가서 혼밥을 하며 맛을 제대로 음미도 해 보기도 한다. 나는 이런 하루가 소중하고 나에게는 힐링이 되는 날이다. 나도 나중에는 회사에서 은퇴를 할 것이다, 아니 해야만 한다. 이 때를 대비해서, 나는 부동산 투자를 하고 있다. 담보 대출을 이용하거나 선세를 이용해서 큰 목돈 없이도 우리나라에서는 부동산 투자를 할 수 있다. 아파트를 사고나서 한 번도 저축을 해 본적이 없다. 매월 월급이 들어오면 아파트 대출 이자를 내고 마이너스통장에 넣어야만 했다. 그렇기에 따로 저축을 할 수 있는 상황이 아니였다.

은행은 나의 투자파트너이다. 그리고 은행은 정해진 이익금, 이자만 가져간다. 정말 좋은 투자파트너이다. 아파트가 오르면 일정금액만 은행에 주고 나머지는 다 내가 가져간다. 30년간 이자를 은행에 물어 봤을 때, 나는 자신이 있었다. 30년 뒤면, 그 이자분보다 10배는 더 오른다.

고맙다 은행! 내 투자파트너! 나는 속으로 확신했다.

내로남불, 내가 하면 로망스, 남이 하면 불륜.

내가 대출하면 투자 레버리지, 남이 하면 영끌.

앞으로 부동산은 입지 중에 입지를 따질 것이다.

부산도 전체적으로 보면 공급은 충분하다. 좋은 입지에는 주택이나 기존 아파트가 있다. 주택가를 재개발해서 아파트를 건축하는 재개발의 경우는 아무래도 시간이 많이 걸린다. 5층 정도 아파트 단지를 재건축 하는 것이 아무래도 빠르다. 그리고 재건축이 안되는 아파트는 리모델링을 한다.

그래서 나는 재건축될 만한 아파트를 찾아 다녔다. 앞으로는 모든 입지가 오르지 않고 일부 지역 동단위로 집값이 오르고 같은 도시라도 수요가 낮은 아파트나 지역은 내리거나 거래가 되지 않을 것이다. 그래서, 부산 해운대, 광안리 근처 바다가 보이고 교육여건이 좋은 아파트를 투자하려고 한다. 재건축은 안전진단을 통과해서 안전상 재건축되어야 하는 아파트로 진단을 받고, 조합설립, 사업시행인가, 관리처분인가, 이주 그리고 철거후, 새 아파트 착공이 진행된다. 안전진단을 통과하더라도 때에 따라서 5년이 걸릴 수도 있고, 10년, 20년이 걸릴 수도 있다.

보통 관리처분인가 나게 되면 9부능선은 넘었다고 보면 된다. 그렇기에 관리처분인가 이후에는 아파트 가격이 많이 올라간다. 그리고 '이주비 대출' 이라는 것이 있다. 재건축을 하기 위해서 기존 아파트에서 나와 이주를 해야 하니, 거의 무이자로 이주비 대출을 해준다. 이주비 대출의 이자는 보통 조합에서 부담하는 경우가 대부분이다. 어떻게 보면, 무료 대출이 생기는 셈이다.

그렇기 때문에 나는 재건축 아파트를 하나 꼭 사려고 한다. 마침, 이 대리 한테서 전화가 왔다. 이 대리가 부동산 하시는 장모님께 물어본 것 같다.

"어~ 이 대리!"

"장 대리, 저번에 말한 광안리 쪽 5층 짜리 아파트 단지 말이야. 장 대리가 보여준, 그 매물은 우리 장모님 꺼는 아닌데, 우리 장모님께서, 감정가도 높고 그 가격이면, 나중에 내야 할 추가 분담금도 낮을 거래"

"지금 기준으로 장 대리 말대로, 3천만 원 정도 싸다 하시 더라고, 좋은 금액이라고, 세금 관련된 급매 일거 라고 하셨어."

맞다. 내가 생각하기에도, 다른 매물과 주변 시세를 비교해 봐도 확실히 3천만 원은 더 낮은 급매물 이였다.

"그래, 고마워. 이 대리."

맞다! 이 물건은 진짜 급매이다.

아파트 내놓는 사람들 대부분 급매라 하지만 진짜 급매는 몇 개 안된다. 이 급매 내가 잡아야겠다.

세번째 아파트 계약

"혹시 2억 더 없어요?"

나는 바로 블로그에서 봤던 그 부동산 소장님께 매물을 확인하고자, 급히 전화를 드렸다.

"안녕하세요, 행복 부동산이죠? 부동산 광고보고 전화 드렸어요."

"네, 사장님. 어떤 매물 보셨어요?"

"광안리 바다 앞에 관리처분인가난 아파트 매물이요. 급매로 나와 있는 건이요."

"아, 네 사장님. 다행이 그 급매물 아직 있어요. 급매물 이라 서요, 찾는 분이 많으셔요. 그 급매가 법인으로 투자하시 분 매물인데요. 서울에 계시는 투자자 이시고, 세금문제 때문에, 이번 달에 잔금까지 쳐야 해서요. 그래서 다른 물건 보다 3~4천만 원 쌉니다. 사장님, 그 매물은 사시면 바로 돈 버시는 거예요."

여기 부동산 소장님 말씀이 끊임없이, 막힘없이 설명하시는 것만 들어봐도 이분도 오랫동안 부동산 중개업을 하신분이라는 감이 온다. 잘 짜 놓은 매뉴얼, 레시피처럼, 중간 중간에 "돈을 버신다."는 말과 "잘 하시는 거다."라는 말로 매수인의 마음을 사로잡는다.

"네. 소장님. 그런데, 제가 기존 주택이 있어서, 취득세 부분이 좀 신경이 쓰이긴 합니다."

현재 부산은 부동산 조정지역으로 되어 있어서, 신규 아파트를 매수하게 되면, 취득세 중과가 적용된다. 조정이 아닐 때 보다 더 많은 취득세를 내야 하는 것이다. 정부에서 정책적으로 현재 부동산 경기 과열을 방지하고자 조정지역을 지정한 것이다.

"다른 매물 보다 저렴하게 나온 거 같아서, 하고는 싶은데. 취득세를 많이 내야 하니깐요."

사실 취득세를 더 많이 내야 하기 때문에 망설여 지는 것은 사실이다. 나중에 내가 매도할 때, 양도세도 내야하고, 최소한 그 세금만큼은 올라야 내가 이 아파트를 사서 이득을 볼 수 있는 것이다. 부산지역도 다시 조정지역으로 지정되어서, 2주택을 매수하게 되면 취득세가 중과세율로 적용된다.

부동산이든 비지니스이든 네고, 협상을 해야 한다. 있는 그대로 가격대로 거래를 해야 하는 것은 아니다. 네고, 단가협상을 업으로 하는 '바이어'인 나는 절대 그냥 사지 않는다. 사고 나서 아파트값이 오르는 것 보다, 살 때 저렴하게 사는게 더 중요하다. 내가 할 수 있는 것은 다 해서 사야한다.

나중에 시장의 변화로 더디게 오르거나 아파트가격이 조금 하락 하는 것은 어쩔 수 없다. 나중에 생기는 시장의 변화를 내가 어떻게 할 수 없기 때문에, 지금 내가 할 수 있는 최선을 다해서 더 싸게 사야 하는 것이다. 내가 생각했을 때, 부동산 투자에서 가장 중요한 것은 보다 싼 급매물을 찾고, 그 급매를 조금 더 싸게 사는 것이다. 잘 파는 것 보다 중요한 것이 잘 사는 것이다.

"사장님. 이 매물 하시게 되면 이번 달까지, 이주비 대출금 2억 원 빼고는, 준비 되셔야 하는데요. 하실 의향이 있으세요?"

재건축이 될 아파트를 매수하고 싶은 것은 당연하다.

"네, 소장님. 돈과 날짜는 맞출 수 있어요. 취득세 중과로 내야하는 것까지 감안하면, 조금 그렇네요."

"사장님. 그러시면, 제가 매도인하고 통화를 한번 해볼께요."

창원집을 팔면서, 창원집의 전세금은 전세 대출을 했

고, 부산 해운대에 투자한 집은 어느새 내가 샀던 가격과 지금 전세가와 같아져서 추가로 seed money가 더 생겼다. 여기에 와이프와 나 모두 1억 정도씩 신용대출을 해서 영끌하면, 이주비 대출금 2억정도 빼고 딱 맞출 수 있다. 이주비는 승계하면 되니, 잔금에서 제하면 이번 달 말까지 빠듯하지만 잔금을 맞출 수 있다. 조정지역으로 지정되다 보니 자금 융통이 어려운 것이 사실이지만, 어떻게 든 맞출 수 있다는 계산이 섰다. 부동산 소장님께서 다시 전화가 왔다.

"사장님, 그럼 500만 원 빼서, 계약하기로 했어요."

"소장님. 집값이 언제까지 오를지도 모르겠고요. 또 언젠가는 다시 떨어지기도 할 거고요. 500만 원 보다는 몇 천만 원, 아니 1억 가까이 취득세를 내야해서요. 부산도 조정지역이라, 취득세 중과 잖아요. 500만 원으로는 저희도 망설여지는데요."

"사고 나서 취득세 중과 감안하면, 최소 1억이 올라야 하는데. 조정지역 지정되고 나서는 부산도 요즘 거래가 잘 안 되니."

1억이라는 돈은 작은 돈이 아니다. 실제 아파트 매매를 해서 세금을 다 제하고, 내 손에 1억이 남는 것은 쉬운 일이 아니다. 부동산 상승장에서는 몇 억을 그냥 버는 것처럼 보이지만, 실제적으로 그 타이밍에 딱 내가 맞춰서 거래를 할 수 있는 것은 아니다. 세입자가 있으면 다른 매수자들이 꺼려하거나 더 낮은 금액으로 매도해야 한다.

"사장님, 휴~"

부동산 소장님께서도 답답 하신지 깊은 한숨을 쉬신다.

"사장님, 그러면 제가 매도인하고 다시 통화해 볼께요. 사장님, 가격 맞으시면, 꼭 하셔야 해요."

"네, 소장님. 걱정 마세요. 저도 그 아파트 꼭 사고 싶어요."

1천만 원 정도 빼주면 살 생각 이였다. 아무리 급한 상황이라고 해도 매도인이 손해를 봐 가면서까지 아파트를 팔지는 않을 것이다.

저녁 8시, 다시 부동산에서 전화가 왔다.

"사장님, 꼭 사셔야 돼요."

부동산 소장님의 첫 말을 들으니, 아무래도 매도인과 어느 정도 인하하기로 협의가 된 것 같다.

"사장님, 내가 매도인한테 몇 번 통화했어요. 이 매도인이 일전에 내 한테 세금 때문에, 빨리 팔아야 한다 했었거든요."

소장님 말씀하시는 태도가 매도인과 협상을 잘 이끌어내신 것 같았다.

"네, 소장님."

"사장님, 놀라지 마세요. 내가, 2천만 원이나 깎았어요. 사장님, 가계약금으로 일단 3백만 원 정도 보내죠. 제가 등기부등본 하고 계좌번호 문자로 보내 줄께요."

오! 정말 잘 됐다.

"네, 소장님, 정말 감사합니다. 소장님, 그런데 가계약금 3천만 원 정도 보내고 싶어요. 매도인 마음 바뀌거나, 이 매물, 광안리 부근 부동산 별로 다 나와 있던데요. 누가 원래 금액에 매수 한다하면, 매도인이 계약 취소할거 잖아요"

이왕 보낼 가계약금이면 계약서를 쓰기전에 배액 배상하고 취소하기 쉬운 몇 백만 원 보다는 몇 천만 원을 미리 보내고 싶었다.

"맞아요. 사장님, 그렇게 합시다. 2천만 원 내린 대신 매도자가, 이번 달까지 꼭 잔금을 맞춰 달래요"

매도인이 급하게 이번 달까지 잔금을 받아야하는 이유가 있는 것 같다.

"네, 소장님. 그렇게 해요. 바로 이체했어요. 확인하시고, 본계약일 알려 주세요."

급매물의 등기부등본은 미리 확인해 두었다. 등본상

1년전에 법인 명의로 거래가 있었다. 거래금액은 지금과 1천만 원 밖에 차이가 나지 않는다. 사업자 등록증도 확인하여, 계좌번호 명의와 맞춰보니 맞았다. 원래 3천만 원 낮은 매물 이였고, 2천만 원을 더 내려서 거래했으니, 일단 5천만 원 벌고 시작하는 것이다. 이주비 대출은 이자도 없어서, 신용 대출 2억에 대한 이자와 원금을 갚아 나가면 된다. 그럼 지금은 전세에 살지만, 해운대 아파트와 광안리 재건축 아파트가 우리 소유가 될 것이다. 부동산 소장님께서 문자를 보내셨다.

매수인 : 장민준

매도인 : 김기훈

가계약금 : 3천만 원 매도인 입금확인완료

이 문자로 광안리 아파트 가계약이 되었음을 알립니다. 이렇게 보내진 가계약금은 계약금의 효력을 가지게 된다. 나중에 한쪽에서 계약을 취소하고자 하면, 매도인의 일방적인 취소이면 배액배상을 해야 하고, 매수인의 일방적인 취소이면 기 지급된 계약금을 돌려받을 수 없다. 바로 또 전화가 오셨다.

"사장님, 진짜 잘 샀어요. 매도인이 이번 주 토요일 오전에만 시간이 된 다네요. 오전 10시에 본 계약서 씁시다."

"네, 소장님. 이번 주 토요일날 뵈요."

그리고 다음날 저녁 행복부동산 소장님께서 전화가 왔다.

"사장님, 식사 하셨어요?"

"네, 소장님도 식사 하셨어요? 말씀하세요. 소장님."

계약은 이틀 뒤에 하는데 저녁시간에 전화하신 거면 뭔가 일이 틀어졌거나 이유가 있을 것 같았다. 일단 통화 녹음 버튼을 빠르게 눌렀다.

"아니, 이게 매도인이 싸게 내놓은, 이유가 좀 더 있더라고요. 지금 세입자가 살고 있는데. 전세금을 내줘야 하고요."

세입자가 있는 것은 알고 있었다. 세입자의 전세금을 못 내주고 있기 때문에 매도인이 이번 달 안으로 꼭 잔금을 받아서 세입자에게 전세금을 내주려고 하는 것 같았다. 세입자가 있는 거는 전혀 문제가 되지 않는다.

"사장님, 매도인이 법인으로 사셔서. 이주비대출 신청을 안 하셨다는데. 법인으로 매수하면, 이주비 대출이 안된다고 하네요."

관리처분 인가나고 이주 중인 아파트이다. 몇 달 뒤 철거를 할 아파트라서 잔금날까지 돈을 맞춰서 드리고 세입자도 나가면 된다. 내가 당장 들어갈 아파트가 아니라서, 세입자는 크게 문제가 되지 않는다. 그리고 철거될 아파트이기에 내부에 파손이 있거나 지저분해도 아무런 문제가 되지 않는다고 판단 하고 있었다.

하지만 이주비대출을 안 받은 금액은 내가 나중에 소

유권을 가져와서 이주비대출 신청해서 나머지 2억을 줘야 한다. 그리고 분명 부동산 소장님은 이주비대출을 승계할 수 있다고 말씀하셨고, 인터넷 매물에도 그렇게 적혀 있었다. 이건 아무래도 부동산 소장님의 실수인 것 같다.

"소장님. 그러면 잔금 치르고 세입자분 나가시고, 나머지 2억은 이주비대출 제가 받아서 드리면 되지 않아요?"

법인 명의로 매수한 매도인은 이주비대출을 신청하지 못하지만, 나 개인에게 소유권이 이전되면, 나는 이주비대출 신청요건에 해당되기 때문에, 내가 이주비대출을 신청해서, 그 돈을 받아서 매도인에게 지급하면 된다. 그럼에도 부동산 소장님의 말투는 뭔가 답답하고 어려운 말투였다.

"이 이주비대출이, 조합에 물어보니까, 사장님은 신청이 되는데 법인은 이주비대출이 안 돼서, 아직 세입자

돈을 못 주고 있었더라고요."

"아, 소장님. 그래서 이 매물이 몇 천만 원 낮았군요."

부동산 소장님도 추가적으로 확인 해보시고, 매도인에게 듣고 나서야 이주비대출이 되지 않는 부분에 대해서는 아신 눈치이다. 부동산 소장님이 제대로 확인하시지 않은 실수이다.

"사장님, 소유권 이전하고, 조합에 서류 제출하시고요. 은행가서 이주비대출 사장님이 신청하시면, 한 2~3주 있어야 나오거든요. 매도인이 이번 달에 다 정리하고 싶어서, 2천만 원 더 빼줬거든요. 이주비대출 받으면 이번 달에 잔금을 칠 수가 없잖아요."

부동산 소장님이 은근슬쩍 이주비대출 2억이 승계 되는 집이였다는 것을 넘어가려고 하는 것 같다. 이 매물은 이주비대출이 승계되는 매물 이였다는 것을 다시 말씀 드려야 겠다.

"잠시만요, 소장님. 이주비대출 승계할 수 있다고, 저한 테 말씀 주셨잖아요. 그래서 계약금도 바로 3천만 원 보낸 거고요."

맞는 말이다. 부동산소장님이 나에게 이주비대출 만큼은 빼고 준비되야 하는 금액을 알려 주었다. 이주비대출이 승계된다는 내용은 인터넷에도 나와 있고, 부동산 소장님이 통화로 말했을 때, 녹음도 해 두었다.

"네, 사장님. 맞는데."

소장님이 잠깐 말씀을 안하시고 숨을 고르고 다시 말씀하셨다.

"사장님, 혹시 2억 더 없어요?"

갑자기 2억이 작은 돈도 아니고, 영끌까지 한 상황에서 나는 그 돈이 없었다.

"네, 없습니다. 소장님."

"사장님, 그러면, 매도인이 돈 돌려드린다고. 계약취소 하자는 데요."

이건 말이 안 된다. 일방적인 계약 취소는 가능하다.

매도인이 내가 준 3천만 원을 배액배상해서 총 6천만 원을 나에게 돌려주면 된다. 받은 3천만 원만 돌려주고 계약취소는 인정할 수 없다.

"소장님, 아시다시피 계약 취소할 거면 매도인이 배액배상하시면 되죠. 매도인에게 위약금 3천만 원 까지 해서. 6천만 원 저한테 입금하라 하시고. 저는 다른 물건으로 계약할께요."

아무래도 소장님이 매도인에게 배액배상을 요구하지 못하는 이유가 있는 것 같았다. 이주비대출에 대해서 소장님이 착각을 하셨다. 소장님이 몇달 전에 거래한 건은 이주비대출 승계로 해서, 별다른 확인없이 이번 법인 물건도 이주비대출금 빼고 필요한 금액이라 광고하셨고, 나에게도 말씀하셨다. 그래서 부동산 소장님께서 매도인에게 배액배상도 요구하시지 못 하신다. 그렇다고 나에게 귀책사유가 있다고 계약해지를 하자고도 못 하신다.

나도 2천만 원까지 더 내린 가격에 꼭 사고 싶다. 부동산 소장님께 중개상의 중대한 과실이 있는 부분이고, "저는 거래 취소 시, 배액배상 받아야겠습니다." 라고 말씀드렸다. 소장님은 매도인에게 몇 번 다시 전화를 해서 소유권 이전 이후, 이주비대출 받아서 2억을 준다고 했지만, 매도인은 완강히 거절하였다. 매도인도 잔금을 다 받지 않은 상태에서 소유권을 이전하고 싶지 않은 것이다. 만에하나 또 내가 이주비대출이 실행되지 않으면, 미리 소유권을 이전해 준 매도인은 곤란한 상황에 놓이게 된다. 매도인은 전액을 잔금 날 받아야 하고, 이번 달에 거래되지 않으면 계약 안 하겠다는 입장을 고수하였다. 매도인도 중과세를 면하고자 이번 달에 꼭 팔아야 했다.

어느덧 밤 9시가 다 되어서 부동산 소장님께서 다시 전화가 왔다.

"사장님, 해결했어요. 휴~~~~ 내가 이번 계약은 나도 너무 힘들다."

소장님도 신경을 많이 쓰여서, 깊은 한숨을 쉬셨다.

"내가 중간에서 잘못 전달했으니까. 내가 2억 빌려 줄
게요. 본계약 날 1시간 먼저 와요. 차용증 하나 쓰고, 내
가 2억 빌려줄 테니깐. 이주비대출 받아서 나한테 갚으
세요. 매도인에게는 내가 빌려줬다는 그런 말 하지 말
고."

부동산 소장님 목소리만 들어도 많이 고생하신 것을
느낄 수 있었다.

"네, 소장님. 감사합니다."

본계약일날 1시간 일찍 가서 소장님께 차용증을 써드
렸고, 소장님은 바로 그 자리에서 나에게 2억을 송금해
주셨다. 그리고 이 지역에 대한 시세와 투자에 대해서
이야기를 나누고 있다 보니, 매도인 분이 왔다. 서울에
서 부산까지 투자하러 왔던 분이다.

투자라는 것이 참 어렵다. 많이 안다고 해서 많이 버는

게 아니다. 시장의 변화는 알 수 없기에 누구의 투자가, 어떤 방법의 투자가 항상 맞다 라고 말하기 어려운 것이다. 나는 보통 매수할 때, 중도금을 넣는 편이다. 집값이 폭등할 때나 혹 잔금 날 무슨 일이 생길 수도 있으니 매수인 입장에서는 중도금을 넣는게 유리하다. 미리 한시간 일찍 와서 계약서에 중도금을 넣어 놨는데, 매도인이 완강히 반대한다. 매도인도 나중에 내가 잔금을 못 줄 수도 있으니, 중도금을 넣지 않겠다고 한다. 매도자는 이주비대출금 만큼인 2억이 모자라 내가 바로 계약을 하지 못하는 부분에 많이 걱정하고 있었다. 몇번의 논쟁 끝에 나는 중도금을 포기하게 되었다. 대신 계약금을 보통 때보다 많이 넣었다.

이번 달 말에 다시 만나서 세입자 나간 것을 확인하고, 매도인에게 잔금을 지급하였다. 소유권 이전등기를 하고 조합원 지위를 승계하였다. 소유권 이전 등기된 등기부등본과 차에 있는 음료수 한박스를 가지고 조합 사무실에 찾아 갔다. 임장을 다니다 보면 부동산 가는 일이 많아서 마트에서 세일할 때 음료수 박스를 미리 몇개 사서 차에 둔다. 그래서 자주가는 부동산이나 오늘 같이 조합 사무실에 인사드릴 때 하나씩 가지고 간다. 조합분들께 인사를 드리고, 관련 자료를 받고 조합원 승계를 마무리하였다.

그리고 나서 다행히 이주비대출을 받아서 행복부동산 소장님께 빌린 2억을 갚아드렸다. 매번 영끌하다시피 대출을 다 하고 싸게 살려고 급매를 찾아다니다 보니, 사연 없는 급매는 정말 없는 것 같다. 없는 돈으로 싸게 사다 보니 이런 저런 신경 쓸 일이 더 생기기도 한다. 그렇지만 몇 천만 원을 저금해서 모으기는 사람에 따라 다르지만 많은 시간과 노력이 필요하다. 단기간 고생하고 이렇게 몇 천만 원 더 벌 수 있다면, 잘 한 거다. 나는 몇일 고생해서 몇 천만 원 더 벌 수 있다면, 또 이렇게 할 것이다.

이번 아파트는 광안리 해변 근처 평지 아파트이다. 이번에 산 아파트는 바로 옆에는 부산의 국립대학교가 있어서, 생활하기에도 좋다. 초등학교, 중학교도 인근에 바로 있고, 학원가도 잘 되어 있다. 지하철도 가까운 곳이라 입지는 흔히 말하는 입지 깡패이다. 나중에 몇 년 뒤에 완공되고 나면, 전세가도 높을 것이고, 전세 수요도 많을 것이다.

이렇게 우리는 2주택자가 되었다. 아직 아이들도 어리기에 전세나 월세를 내가 사는 것도 괜찮다. 앞으로 아파트 투자를 더 할 것이다. 내가 은퇴 시기가 되었을 때, 경제적으로 어려움 없이 은퇴할 수 있도록, 오늘도 내일도 부동산 공부를 하며, 매주 주말마다 임장을 다닐 것이다.

퇴사

"텃밭! 개발제한구역해지"

오늘 구매부 최 과장님이 저녁을 같이 먹자고 한 날이다. 나는 경영학과를 졸업하고 자동 차회사에 와서, 기계에 대한 이해가 많이 부족했다. 그래서인지 공대 기계학과를 졸업한 최 과장님이 많이 조언도 해주시고, 힘들 때 많이 도와주셨다. 나에게는 정말 고마운 분이다. 현장에 같이 가서 생산라인 보는 것도 알려주시고, 내가 많이 따르는 나에게는 멘토이시다. 오늘 최 과장님이 출장 갔다 오시는 날이라 회사 근처 횟집에서 만났다.

"장 대리, 내년 구매단가 다 맞추고 나니 홀가분하다. 너도 이제 과장 달아 야지!"

"과장님, 갑자기 과장은요. 하하. 그래도 과장이 된다고 생각해 보니 좋네요."

"민준아! 나 이번 달 까지만 다니고 퇴사한다."

생각지도 못한 일이다. 과장님이 갑자기 퇴사를 하신다니.

"네?! 과장님! 갑자기 무슨 말이에요?"

나는 엄청 놀라서 다급하게 물어보았다.

"장 대리, 저번에 한번 말했잖아. 나랑 같이 사업하자고. 너랑 일도 많이 하고, 정이 많이 들었다. 너 한 잔 사주고 말 하려고. 그래서 오늘 저녁 먹자고 한 거야."

아! 맞다. 몇 달 전에 점심 먹고 나서 과장님이 나에게 카페 하나 하려고 하는데 혹시 같이 할 생각이 있는 지 물어보셨다. 나는 과장님께 "아직 아이도 어리고, 부동산 투자하려면 직장도 있는게 좋아서요." 이렇게 말한

적이 있다. 나는 그냥 과장님이 별 뜻 없이 한 말이라고 생각하고 가볍게 여겼다.

"과장님, 그럼 저번에 말씀하신 카페 여시는 건가요?"

"맞아, 장 대리. 나 사촌 형이랑 동업해서 카페 하나 하려고. 건물도 짓고, 인테리어도 하고. 내가 알아보고 해 볼려고. 알아 볼게 많아서, 퇴사를 하고 해야겠더라고."

"과장님, 그러면 땅을 사셔서, 카페 건물 올리시는 거에요?"

"아니, 예전에 어머니가 주신 땅이 있는데, 텃밭을 쓰다가."

어? 텃밭으로 쓴다는 것은 개발제한구역이기 때문에 다른 용도로 사용하지 못해서 그런 것이다. 텃밭이면 상업지역으로 토지이용을 할 수 없을 텐데.

대부분 나라에서 토지에 대해서 규제를 하고 있다. 모든 토지에 상가나 아파트를 지을 수 있는 것은 아니다. 그러면 모든 토지에 상가를 지을 것이다. 자연환경과 같은 녹지지대는 없을 것이다. 그래서 토지 이용에 대한 규제를 하고 있다. 보통 텃밭은 개발제한구역이 많다. 개발제한구역에는 농사 이외에는 제한을 받는다.

"과장님! 혹시, 그 텃밭! 개발제한구역 해지됐어요?"

엄청 드물기는 하지만 토지이용이 변경 되기도 한다. 개발제한구토지가 상업지역으로 변경되면 로또 1등보다 더 좋은 것이다.

"역시! 우리 부동산박사 장 대리! 맞아! 신도시 개발하면서, 대단지 아파트 들어오게 됐어. 우리땅은 아파트 토지에 포함 안되었고. 상업지역으로 변경 되었어."

정말 최고의 조건이다.

"이야! 과장님! 완전 대박인데요~!"

"응, 그래서 토지 잡고 대출받아서, 카페 건물 하나 올리려고."

"축하해요, 과장님!"

"장 대리, 너도 예전에 텃밭 가지고 있다고 하지 않았어?”

 “네, 과장님, 저도 있긴 해요. 저는 우리 아들한테 가서 개발제한 해제 될런지. 제 생애는 계속 텃밭으로만 쓸 거 같은데요. 하하. 그래도 과장님, 회사에 같이 못 다니는 건 아쉽지만. 정말, 축하드려요.”

 “그래, 고마워. 장 대리.”

 “자~ 과장님, 저희 축하주 한 잔해요! 원 샷!”

 과장님께서 총 4개층으로 카페를 구상하고 계시다고 했다. 키즈존 노키즈존 층을 달리하고 베이커리도 같이 직접 운영할 계획이라고 한다. 처음에는 건물만 지어서 스타벅스 같은 곳에 임대를 내줄까도 생각했지만, 직접 운영해보고 싶어서 퇴사를 선택했다고 하셨다. 카페도 대규모로 들어서게 되면 주변지역 수요까지 흡수할 수 있다. 500평 토지에 1층 주차장, 2층 베이커리, 3층 노키즈존, 4층 야외존, 이렇게 구상하셨다고 한다. 충분히 경쟁력이 있을 것 같다.

그리고 내가 바이어로 성장하는 데 많은 도움을 주신 과장님의 새로운 앞날이 더 잘 되었으면 좋겠다. 그렇게 과장님과 아쉬운 퇴사이야기로 시작했지만 서로의 성공을 빌어주고 다음 만남은 카페에서 하는 것으로 하고 헤어졌다.

나도 개발제한구역 토지가 있다. 할아버지께서 일하시다 퇴직을 하시면서, 농사를 짓고 싶으셔서 땅을 매입하셔서 집을 짓고, 농사를 지으시면서 사셨다. 그러면서 그 땅은 장남인 우리 아버지에게 그리고 장손인 나에게로 이전되었다. 언젠가는 우리 땅도 최 과장님처럼 용도변경이 되어 상업지역이 될 수 도 있을 것이다. 내가 부동산에서 마지막으로 해보고 싶은 것은 '디벨로퍼'가 되어 건물을 지어 보고 싶다.

건물주가 되고 싶다. 건폐율, 용적률이 얼마나 나올지 모르겠지만 메디컬 꼬마 빌딩을 짓고, 안정적인 임대수익을 주는 병원에 임대를 주고, 옥상층은 복층으로 해서 옥상에 정원이 있는 나만의 그런 주택으로 짓고 싶다. 그리고 그 건물에서 살고 싶다. 한 번씩 건물주가 되어 옥상정원에서 여유 있는 내 모습을 상상해 보기도 한다. 꿈이라는 것은 이루어질 수도 있고 이루어지지 않을 수도 있다. 중요한 것은 내가 배우는 것이 많아지고 아는 것이 많아질수록 그 꿈을 보다 구체적으로 꿀 수 있고, 보다 실현 가능한 꿈이 된다. 앞으로도 직장생활을 하면서 여유로운 은퇴 후 삶을 위해서 조금 더 시간을 나눠 쓰고, 회사 밖에서 내가 할 수 있는 일도 찾아야겠다.

"세상에 공평한 것은 오직 시간 뿐이다."

교통사고가 난 지, 4개월이 지났다. 병원에서 재활 하며, 내가 살아온 시간을 뒤돌아보았다. 다시 걷기 위해서 억지로 다리를 누르고 강제로 다리를 접었다. 다시 꼭 걷겠다는 생각 하나로 버티면서 재활에 매달렸다. 다시 일어서야 예전의 평범한 직장인, 가장으로 돌아갈 수 있기에 매일 매일 더 재활에 더 노력하였다.

그리고 점차 좋아지면서, 평범한 직장인이었지만 치

열하게 살아온 나 자신에 대해서 뒤돌아볼 수 있었다. 병원에서 가장 많이 들었던 생각은 평범한 삶에 대해서 얼마나 소중한 지를 몰랐다는 것이다.

평범하게 살아가는 삶.

내가 승진을 먼저 하고 높은 자리에 있지 않아도, 내가 다닐 직장이 있다는 것.

때론 힘들기도 하지만, 함께하는 내 직장 동료가 있다는 것.

어려울 때, 함께 할 친구가 있다는 것.

내가 부족하기도 하지만, 나와 함께 하는 내 가족이 있다는 것.

투자가 항상 성공하지 않지만, 꾸준히 시도하고 노력한다는 것.

이렇게 평범하지만 소중한 내가 있다는 것을 병원에 있으면서 알게 되었다. MZ세대에 투자는 정말 가까운 말이 되었다. 주식, 부동산, 비트코인. 내 주변에도 많은 사람들이 투자에 관심을 가지고 벼락부자가 된 사람도 있고, 벼락거지라고 푸념을 놓는 사람도 있다.

내가 하면 투자이고, 남이 하면 투기일까?

모든 자산은 상승과 하락을 반복한다. 영원히 상승만 하는 자산은 없다. 물가보다 선행하여 전체적으로 우상향 하는 자산은 있다. 그런 자산을 찾아서 투자를 하는 것이다.

나는 우리 아이들이 태어났을 때, 국내주식 펀드 통장을 만들어 주었다. 우리 MZ세대의 그 다음 세대는 투자는 필수라고 생각한다. 우리 아이들이 나중에 어른이 되어서 투자라는 것을 하게 된다면, 어릴 때부터 자산의 상승과 하락에 대해서 알기를 바라는 마음에 주식 펀드를 가입하고 지로로 운용 보고서를 받기로 했다. 매달 운용 및 자산보고서가 오면 아이들이 용돈, 세뱃돈으로 펀드통장에 모은 돈이 어떻게 변했는지를 보여준다. 어느 달은 10~20%로 올랐고, 코로나가 왔을 때는

40~50% 떨어지기도 했다. 나는 우리 아이들이 자기 자산의 상승과 하락을 경험하고 보면서, 상승과 하락에서 의연하게 대처할 수 있기를 바란다.

우리 아이들이 투자라는 것을 할 때에 투자한 자산이 오늘 몇 천만 원 올랐더라도 돈 만 원, 천원 아껴 쓸 줄 알고, 하루 아침에 몇 천만 원 가치가 떨어져도 내 가족들과 친구와 웃으면서 외식할 줄 아는 자가 되기를 바란다. 그렇게 할 수 있는 자가 투자자라고 생각한다. 오늘 김 상무님과 구매부 이 부장님이 병문안 오시기로 했다. 이제 나도 다음 주면 퇴원할 예정이다.

"장 대리, 몸은 좀 어때? 괜찮아졌어?"

병문안 오신 김 상무님께서 말씀하셨다.

"네, 상무님. 이제 괜찮습니다. 목발 안 해도 조금씩 걸을 수 있습니다."

"장 대리, 이만한 게 다행이야."

구매부 이 부장님께서 말씀하셨다.

"장 대리, 아니 장 과장."

이 부장님이 나를 과장으로 부르신다.

"장 대리, 이 부장이 신경 많이 썼어. 과장으로 승진시
킨다고,"

김 상무님께서 웃으시며 말씀하셨다.

"상무님! 부장님! 정말 감사드립니다!"

병원에 있었던 나를 기다려 준 회사와 회사 동료들이
참 고맙다. 승진까지 시켜 주시고, 많이 감사하다. 이제
다음 주면 회사 출근도 하고 두 아들의 아빠로 가정으로
돌아 갈 수 있다. 평범하지만 치열하게 살았던 내 30대,
앞으로 40대에도 보다 나은 내일을 위해 치열하게 살고,
하루 하루 내 주변에 감사해하며, 살아야겠다.

MZ세대, 나는 이렇게 일해

초판 1쇄 발행 | 2023년 3월 31일

지은이 | 장영주
펴낸이 | 김지연
펴낸곳 | 마음세상

주 소 | 경기도 파주시 한빛로 70 515-501

신고번호 | 제406-2011-000024호
신고일자 | 2011년 3월 7일

ISBN | 979-11-5636-522-8 (03190)

원고투고 | maumsesang2@nate.com

* 값 14,500원

* 마음세상은 삶의 감동을 이끌어내는 진솔한 책을 발간하
고 있습니다. 참신한 원고가 준비되셨다면 망설이지 마시고
연락주세요.